文化产业系列报告

丛书主编 陈少峰 于小涵

项目主持单位：浙江工商大学中国互联网文化产业研究院

杭州市互联网文化产业
发展研究报告2019

余 钧 于小涵 郁 菁 主编

HangZhouShi HuLianWang WenHuaChanYe
FaZhan YanJiu BaoGao

华数
HUA SHU

网易
WWW.163.COM

阿里巴巴
Alibaba

咪咕
MIGU

中南卡通
Zoland

华策影视
HUACE FILM&TV

浙江工商大学出版社 | 杭州
ZHEJIANG GONGSHANG UNIVERSITY PRESS

图书在版编目(CIP)数据

杭州市互联网文化产业发展研究报告. 2019 / 余钧，于小涵，郁菁主编. —杭州：浙江工商大学出版社，2019.8

ISBN 978-7-5178-3330-7

Ⅰ. ①杭… Ⅱ. ①余… ②于… ③郁… Ⅲ. ①互联网络－文化产业－研究报告－杭州－2019 Ⅳ. ①G124－39

中国版本图书馆 CIP 数据核字(2019)第 141126 号

杭州市互联网文化产业发展研究报告 2019

HANGZHOUSHI HULIANWANG WENHUACHANYE FAZHAN YANJIU BAOGAO 2019

余 钧 于小涵 郁 菁 主编

出 品 人	鲍观明
责任编辑	张晶晶
封面设计	林朦朦
责任印制	包建辉
出版发行	浙江工商大学出版社
	(杭州市教工路 198 号　邮政编码 310012)
	(E-mail：zjgsupress@163.com)
	(网址：http：// www.zjgsupress.com)
	电话：0571-88904980，88831806(传真)
排　　版	杭州朝曦图文设计有限公司
印　　刷	杭州高腾印务有限公司
开　　本	710mm×1000mm　1/16
印　　张	11.75
字　　数	190 千
版 印 次	2019 年 8 月第 1 版　2019 年 8 月第 1 次印刷
书　　号	ISBN 978-7-5178-3330-7
定　　价	68.00 元

前　言

　　根据第五届世界互联网大会发布的数据,2017 年全球数字经济总量达 12.9 万亿美元。我国数字经济总量达 27.2 万亿元人民币,对我国 GDP 增长贡献率达 55%。数字经济已成为驱动经济社会发展的重要力量。人工智能(AI)、虚拟现实(VR/AR)、大数据、云计算、区块链、人工智能物联网(AI-OT)、边缘计算……随着数字技术的突破及其应用的拓展,数字经济正表现出惊人的增长潜能,并广泛渗透到各行各业。

　　互联网文化产业是数字经济与文化产业相融合的产物。数字技术与文化创意的深度融合,为文化产业带来了新的发展机遇,促成了新业态、新模式,如 2016 年以来迅速发展的网络直播行业,用户规模已达 4 亿左右;推动了传统文化产业转型升级,如数字出版产值在 2009 年就超过了传统出版业。互联网文化产业已成为文化产业发展中最具活力的领域,对经济发展的贡献日益加大,是新常态下新的经济增长点;促进了文化生产与消费,更好地满足日益增长的文化消费需求;推动了文化走出去,有助于提高国家文化软实力和国际话语权。各级政府高度重视互联网文化产业。《"十三五"国家战略性新兴产业发展规划》提出,到 2020 年,数字创意产业相关行业产值规模将达到 8 万亿元。浙江省《关于加快把文化产业打造成为万亿级产业的意见(2018)》提出,实施"文化+互联网"产业推进工程,打造基于互联网的文化产业发展生态。

　　杭州市是互联网文化产业发展的样板城市。得益于文化创意资源的有效开发、数字技术的创新发展以及政府的大力推动,杭州市互联网文化产业发展插上了腾飞的翅膀。数据显示,杭州市数字内容产业占 GDP 比重约

15%,远超全国、全省的平均水平。杭州市文化资源优势突出,有众多的自然、人文景观遗迹以及非物质文化遗产,也有诸多知名的文化企业和文化创意品牌。杭州国际动漫节是国内规模最大的国家级动漫专业节展,2019 年,共有 143.6 万人次参加了动漫节各项活动,各类交易与消费金额达到 165.04 亿元。2019 年,第十一届"全国文化企业 30 强"评选中,杭州市有四家企业(浙报传媒、浙江出版联合集团、宋城演艺、华策影视)入选。杭州市数字技术优势同样突出,是高新技术产业基地、首批国家级文化和科技融合示范基地和中国电子商务之都,拥有阿里巴巴、网易等世界领先的互联网企业,在云计算与云服务、大数据分析与管理、人工智能、安全及物联网应用等领域具备优势。在头部企业的影响下,杭州市对互联网人才的吸引力位列全国前列。杭州市互联网文化产业发展得到了政策的有力支撑与保障,政府将发展互联网文化产业作为促进经济转型升级、提升区域竞争力的战略选择和有效途径,出台了一系列的规划和意见,推动互联网文化产业发展。2018 年 11 月,《杭州市之江文化产业带建设推进计划》提出,到 2022 年,基本建成全国领先、国际知名的数字文化产业基地、影视产业基地、艺创设计产业基地和动漫游戏产业基地,多项任务聚焦互联网文化产业发展。

在此背景下,我们撰写了本书,较为全面、系统地分析了杭州市互联网文化产业的发展现状及趋势。本书分为九个章节:(1)在考察全球互联网文化产业发展趋势及模式的基础上,分析了全球互联网文化产业发展的特点;(2)分析了我国互联网文化产业的发展现状、特点及趋势,梳理了国家层面近年来重要的互联网文化产业相关政策;(3)梳理并分析了浙江省、杭州市近年来重要的互联网文化产业相关政策;(4)考察了杭州市互联网文化产业发展的现状、布局及特点,并与北京、上海、南京、深圳等城市进行了对标分析;(5)考察了杭州市互联网文化产业重要行业之数字娱乐业,包括数字动漫、数字游戏、数字影视、互动娱乐;(6)考察了杭州市互联网文化产业重要行业之数字传媒业,包括数字电视、数字报业、新媒体广告;(7)考察了杭州市互联网文化产业重要行业之数字出版业,包括数字阅读、数字印刷、网络文学;(8)考察了杭州市互联网文化产业领军企业,包括阿里巴巴、网易、华策影视、中南卡通、美盛文化、顺网科技、天格科技、华数传媒、杭州日报、思美传媒、咪咕数媒；
(9)探讨了杭州市互联网文化产业的发展趋势。

　　本书在撰写与出版过程中，得到了诸多同仁的帮助与支持，在此表示由
衷的感谢！此外，本书参考了国内外大量的相关文献资料，在此向相关作者
表示深深的谢意！

余　钧

2019 年 6 月

目　录

第一章 全球互联网文化产业发展 趋势、模式与特点分析

　　在新一轮科技革命和产业变革的背景下,互联网文化产业正在成为全球新经济结构转型、新旧增长动能转变的发力点之一。当前,互联网技术与文化产业正处于由初步融合迈向深度融合的新阶段。互联网文化产业是文化产业的重要组成部分,是文化产业中最具活力和潜力的部分。互联网文化产业新业态的蓬勃发展,推动了文化产业的内部结构变革,正深刻地改变着人们的文化消费习惯。从供给侧来看,互联网技术颠覆了传统文化产业的组织形式、传播渠道以及商业模式。互联网技术与文化创意的融合,不断催生新产品、新业态、新模式。比如,传媒产业已从传统传媒主导转向网络媒体、数字媒体主导。从需求侧来看,互联网给人们带来了更为轻松、享受、便捷的生活,人们的网络消费习惯逐渐养成,90 后、00 后开始成为互联网时代的主流消费群体,互联网文化产品与服务逐渐成为大众文化的主流消费趋势。

第一节 全球互联网文化产业发展趋势

　　全球迎来大变革时代,互联网文化产业作为一种新的经济形态,是培育发展新动能、获取未来竞争新优势的关键领域。很多国家都在积极布局互联网文化产业,通过各种方式推动和促进互联网文化产业的发展。

　　20 世纪 90 年代以来,互联网文化产业在全球范围受到越来越多的重视。美国于 1992 年提出信息高速公路战略(即国家信息基础设施,National Information Infrastructure,简称 NII),用以推动信息基础设施建设,发展信息经

济。英国于 1998 年出台《英国创意产业路径文件》,2009 年出台《数字英国》白皮书,2010 年通过《数字经济法案》(Digital Economy Bill),注重推动数字技术在创意产业领域的应用,推动传统文化产业的转型升级。欧盟于 2000 年 12 月制定了"电子内容计划"(E-Content Programme),以推动数字技术应用于信息领域,发展数字内容市场,促进数字信息的开发、利用与传播。日本于 2000 年推出"E-Japan"计划,以促进信息基础设施建设以及相关技术研发;2004 提出"U-Japan"计划,用以构建便利化、广覆盖的网络环境,促进网络资源的充分利用,创造新商业和新服务;2009 年推出"I-Japan"计划,以推动公共部门的信息化进程。韩国于 1998 年提出"文化立国"战略,2009 年韩国广播影像产业振兴院、韩国文化产业振兴院、韩国游戏产业振兴院、文化产业中心、韩国软件振兴院、数字化文化产业团合并成立了韩国文化产业振兴院,2013 年提出"创造经济"增长的思路,提出将韩国文化与信息技术融合,将文化内容产业打造为新的经济增长点。

近几年,各国数字经济相关政策举措呈现密集出台的态势。2015 年 2 月,英国技术战略委员会"创新英国"发布《英国 2015—2018 年数字经济战略》,倡导通过数字化创新来驱动经济社会发展,为建设数字强国做出战略部署;2016 年 1 月,日本内阁发布《第五期科学技术基本计划(2016—2020)》,提出建设"超智能社会",最大限度将网络空间与现实空间融合;2016 年 3 月,德国发布《数字战略 2025》,推动数字经济转型,明确德国制造转型和构建未来数字社会的思路;2016 年 10 月,美国出台《国家人工智能研发战略规划》,认为"AI 现在正处于可能出现第三次浪潮的初始阶段",为国家资助 AI 研究和发展制定策略;2017 年 3 月,英国发布《数字化战略》,同年 5 月,《数字经济法案》正式成为生效法律,同年 7 月,"文化、传媒和体育部"改名为"数字、文化、传媒和体育部"。其他国家包括日本、印度、澳大利亚、俄罗斯、加拿大等全球主要经济体都陆续提出数字经济战略。综观各国的数字经济战略,都有力地推动了数字化基础设施以及网络空间的完善与发展,为互联网文化产业的发展提供了重要的支撑。与此同时,互联网文化产业作为数字经济的重要构成部分,是数字经济中潜力巨大的领域,也有待为数字经济发展做出更大的贡献。

在政策支持以及其他诸多利好因素的推动下,全球互联网文化产业正处于快速增长的时期。互联网文化产业是文化产业中发展前景最为广阔的领域,在一些国家和地区已经成为支柱产业,市场规模和经济效益持续上升。根据市场研究公司 APP Annie 和 HIS 的相关研究,2013 年全球数字游戏、数字音乐、数字电影等数字文化产业的总体规模达到 570 亿美元,相较于 2012 年的 440 亿美元,增加了 30％。移动互联网成为影响数字文化产业发展的主要力量,2013 年移动应用领导数字内容(市场)的增长,其中游戏应用发挥了巨大作用,年增长率高达 290％。[①] 联合国教科文组织(UNESCO)、国际作者和作曲者协会联合会共同推出的研究报告《文化时代:全球文化创意产业总览》显示,2013 年文化创意产业为世界数字经济创造了 2000 亿美元的利润,大大地提高了数码设备的销量和宽带通讯服务需求,其中数字广告创作收入851 亿美元,数字文化终端设备销售额 263 亿美元,数字化文艺作品网络销售额 660 亿美元,文化媒体网站广告收入 217 亿美元。[②]《2016 中国数字创意产业发展报告》显示,目前英国数字创意产业占 GDP 的比重达到 8％,居全球首位,全球音乐下载量的 15％以及全球视频游戏下载量的 16％均来自英国;美国数字创意产业占 GDP 比重为 4％,全球影视票房的 1/3 来自美国;日本数字创意产业占 GDP 比重为 2.4％,其中动漫制作占全球 60％的份额。[③] 未来几年,全球互联网文化产业有望继续迅速发展,开启更大的市场空间,也将对传统产业造成冲击,深刻改变产业格局。

互联网文化产业蓬勃发展的背后,是互联网庞大的市场、数字技术的更新与迭代,以及数字内容的海量生产。这些因素在目前以及未来的很长一段时间都将支持和促进互联网文化产业的发展。在这些因素的作用下,互联网文化产品与服务将在适应与变革中不断拓展与更新。

庞大的互联网市场为全球互联网文化产业发展提供了用户基础。《2017 年互联网趋势报告》显示,2016 年,全球互联网用户达到 34 亿,渗透率达到 46％。[④]"Hootsuite"和"We Are Social"的最新全球数字报告(2018 年)显示,

---

① 熊澄宇,张铮,孔少华.世界数字文化产业发展现状与趋势[M].北京:清华大学出版社,2016.

② 梁建生.文化创意产业正在成为各国战略性资产[N].中国文化报,2016-3-7.

③ 解读:《2016 中国数字创意产业发展报告》发布[EB/OL].中国社会科学网,2016-9-30:ht-tp://ex.cssn.cn/wh/wh_cysc/201609/t20160930_3222300.shtml.

④《2017 年互联网趋势报告》——中文完美解读版[EB/OL].搜狐网,2017-7-20:http://www.sohu.com/a/158728807_605124.

全球互联网用户为 40.21 亿,同比增加 7%,占全球人口比重约为 53%;社交媒体用户数为 31.96 亿,同比增加 13%,占全球人口比重约为 42%;手机用户数量为 51.32 亿,同比增长 4%,占全球人口比重约为 68%;活跃的移动设备社交媒体用户为 29.8 亿,占全球人口比重约为 39%。[①] GlobalWebIndex 的数据显示,用户每天花在互联网上的时间平均约为 6 个小时(这大约是每个人一天醒着的时间的三分之一)。[②] 互联网用户规模以及互联网使用时间的增长,对互联网文化产业发展具有很大的推动作用,任何互联网用户都是互联网文化产品与服务的消费者与潜在消费者。同时,用户习惯也在发生着改变,用户开始习惯于为网络产品与服务付费,愿意花费更多时间和金钱在互联网文化产品与服务上,动漫游戏、网络音乐、网络视频、网络文学、社交媒体等都有着广泛的消费者,为互联网文化产业带来了巨大的市场空间。以网络游戏市场为例,数据显示,2014 全球活跃玩家人数为 18.15 亿,2016 年达到 20.8 亿,预计 2021 年将超 27 亿。[③] 2018 年,全球游戏市场将达到 1379 亿美元的规模,相较于 2007 年的 350 亿美元,增长 2.94 倍。[④]

　　数字技术的更新与迭代为全球互联网文化产业发展提供了技术基础。文化产业的形成与发展离不开媒介技术的推动。印刷术的发明与应用带来了传统纸媒的繁荣,电子媒介技术催生了广播、电影、电视产业,互联网信息技术、数字技术、移动通信技术等的发展与普及推动了传统文化产业的数字化转型,促成了互联网文化产业的崛起,让越来越多的互联网文化产品与服务走进大众的生活。互联网文化企业借助各种数字技术手段能更好地适应新的竞争环境,更好地满足消费者多样化、个性化的需求。互联网文化产业的内部产业格局也在发生转变,移动互联网用户规模近些年来增加迅速,移动互联网文化产业逐渐成为主流。随着大数据、云计算、虚拟现实 VR/增强

---

　　① 2018 年全球互联网发展数据分析[EB/OL]. 腾讯网,2019-1-28:https://new. qq. com/omn/20190128/20190128B00CCS. html.

　　② 全球网民人数突破 40 亿,一年增长近 2.5 亿[EB/OL]. 资讯中心,2018-1-30:https://news. pconline. com. cn/1077/10778717. html.

　　③ 2017 年全球游戏市场收益及活跃用户分析预测[EB/OL]. 中国产业信息网,2017-7-22:http://www. chyxx. com/industry/201707/543550. html.

　　④ 2018 全球游戏市场报告:中国占全球游戏收入 28%[EB/OL]. 腾讯网,2018-6-25:http://games. qq. com/a/20180625/030844. htm.

现实 AR、人工智能 AI 等新技术的不断演进及其与文化创意领域的结合,未来互联网文化产业将涌现新业态、新模式,并持续地升级换代。IDC 预测,到 2021 年,全球 VR(虚拟现实)和 AR(增强现实)的市场份额将从 2017 年的 114 亿美元,增长到 2150 亿美元。① 赛迪顾问数据显示,2015 年全球人工智能市场规模已达到 1683.9 亿元,预计 2018 年将达到 2697.3 亿元,复合增长率达到 17%。② 文化创意与科技创新融合发展,科学技术的更新和迭代不断为互联网文化产业的发展注入新的活力。未来,技术对互联网文化产业的推动作用将更为强劲。

数字内容的海量生产为全球互联网文化产业发展提供了产品基础。全球的数据储量仅在 2011 年就达到 1.8ZB(等于 1.8 万亿 GB),相当于每个美国人每分钟写 3 条 Twitter 信息,总共写 2.6976 万年的数据量。Intel 预测,到 2020 年,全球数据量将会达到 44ZB。③ 海量的网络音乐、网络视频、网络文学、动漫游戏等互联网文化产品与服务被提供给消费者。如 SoundCloud 在全世界拥有超过 2 亿的用户及 1200 万音乐人创作的超过 1.25 亿首歌曲;苹果商店 APP 应用数量在 2017 年底约为 210 万个,2017 年全年共上架 75.5 万个新应用;Kindle 为中国读者提供超过 50 万册电子书。越来越多的用户不仅是数字内容的消费者,还是数字内容的创造者,用户创造的数字内容正深刻改变着互联网文化产业。从一些全球知名互联网平台来看,YouTube 每个月已注册访问用户数量稳定在 18 亿以上(2017 年 6 月这一数据为 15 亿),而且这还不包括没有注册的用户(游客),平台上用户每分钟的视频上传量达 400 个小时。④ Facebook 在 2013 年就拥有 11.5 亿用户,用户每天平均上传的照片数近 3.5 亿张。Facebook 自成立以来,上传的照片已经有 2500 亿张,这些照片的容量已经达到了 250 拍字节(等于 250 * 1024TB),每天有近 47.5

---

① IDC:2021 年全球 VR/AR 市场规模将达 2150 亿美元[EB/OL]. 腾讯网,2017-8-4:http://tech. qq. com/a/20170804/058464. htm.

② 砥砺奋进的五年:中国人工智能成就全球瞩目[EB/OL]. 搜狐网,2017-10-12:http://www.sohu. com/a/197712202_468750.

③ 2016 年全球大数据市场发展现状[EB/OL]. 中国产业信息网,2016-10-12:http://www.chyxx. com/industry/201610/455957. html.

④ YouTube:注册月活用户突破 18 亿 每分钟上传约 400 小时视频[EB/OL]. 天极网,2018-5-7:http://soft. yesky. com/74/639206574. shtml.

亿条内容被发布,包括照片、评论和状态更新,每天还有 45 亿的"Like"和 100 亿的私信出现。[①]

　　未来,全球互联网文化产业的规模和影响力将持续扩大,为经济社会发展创造更大的价值。从政府政策来看,世界各国都加强了对互联网文化产业的支持力度,将其视为国际竞争的关键领域,列入国家发展战略,并推动相关法律法规的完善。就具体政策来看,涉及版权保护、创意提升、产业融合、人才支撑、基础设施建设、重点领域扶持等多个方面。政府对互联网文化产业的重视以及政策支持,将有助于推动全球互联网文化产业加速发展。从用户需求来看,互联网用户规模在不断增加,用户的消费习惯已然养成,全球范围对互联网文化产业与服务的需求将持续扩大,形成对互联网文化产业发展的强大拉动力。同时也要看到,用户需求在不断升级,对互联网文化产品与服务的要求与期待也在不断提高,这都推动互联网企业进行技术创新、内容创新、模式创新,以更好地满足用户个性化、多样化的需求。从技术演进来看,移动互联网、大数据、VR/AR、AI 等技术成为互联网文化产业重要的变革力量。一方面,这些技术为互联网文化产品与服务的生产、再生产、传播、销售等提供有力的支撑,有助于提升用户体验;另一方面,这些技术也在改变甚至重构互联网文化产业,带来新思维、新模式,促成新业态、新市场,为互联网文化产业发展带来新的机遇与挑战。从行业竞争来看,互联网文化产业面临着愈加严峻的行业竞争。一是全球化背景下,互联网文化企业处于全球互联网文化消费市场,面对的不仅是本地竞争者,还有其他国家或地区互联网文化企业带来的巨大竞争压力;二是技术的快速更新与迭代催生出凭借技术优势占据市场的创新型企业,互联网文化企业需要不断地变革和创新,以保持和提升市场竞争力;三是面对海量的数字内容(包括用户生产的数字内容),互联网文化企业在内容创作、营销推广、获取用户、商业化运营等方面都存在新的挑战。

[①]　Facebook 总照片数已达 2500 亿,平均每天上传 3 亿 5000 万张[EB/OL]. 36Kr,2013-9-18:https://36kr.com/p/206304.html.

第二节　全球互联网文化产业发展模式

世界主要经济体都在积极推动互联网文化产业发展。美国在全球互联网文化产业市场中占据领导地位;英国自20世纪末就开始积极推动创意产业发展,具有良好的互联网文化产业发展基础;法国、意大利有着丰富的文化遗产,在推动互联网文化产业发展过程中注重传统文化的现代化转型;互联网文化产业在日本、韩国、澳大利亚等国家也获得了政府的高度重视和大力支持。一些国家在互联网文化产业的细分领域取得了很好的发展成效,如瑞典的数字音乐产业、芬兰的网络游戏产业。发展中国家如中国、印度等,其互联网文化产业增长速度较快,是最具发展潜力的国家。考察世界各国发展互联网文化产业的情况,可以得出不同国家有不同的发展模式。归结来看,具有代表性的有美国的市场驱动型发展模式,英国、意大利、法国的资源驱动型发展模式,日本、韩国、澳大利亚的政策驱动型发展模式,以及印度、瑞典、芬兰的优势产业驱动型发展模式。我国互联网文化产业的发展模式主要与日本、韩国、澳大利亚等国家类似,属于政策驱动型发展模式。

一、美国:市场驱动型发展模式

美国的文化政策一贯秉承自由主义传统,其认为文化产品与钢铁、汽车等其他产品并没有什么不同,不需要特别的规划与保护,奉行高度市场化和政府干预最小化的原则,不设立专门的文化管理部,而是以各州政府为核心协调单位。在具体政策方面,侧重于建立健全法律法规制度以及加强基础设施建设,为产业发展提供良好的环境。对于互联网文化产业来说,美国政府并没有明确的互联网文化产业定义及统计标准,亦没有具有针对性的推动互联网文化产业发展的独特产业政策,但重视加强数字内容的知识产权保护,以市场为基础分配文化资源,在推进信息基础设施建设等方面投入了很大的资源,致力于为互联网文化产业发展营造一个公平合理、充分竞争的环境。

美国有着巨大且成熟的互联网文化消费市场以及消费群体,无论是资本投入,还是数字技术、人力资源等都能为互联网文化产业发展提供有力的支撑,生产的互联网文化产品和服务大量输出到世界各地,具备强大的竞争力。美国互联网文化产业的发展一方面得益于完善的产业链条以及产业集聚。产业链从内容层(漫画、网络文学等),到变现层(电影、动画、游戏等),再到延伸层(主题公园、衍生品等),已形成相对成熟的运营模式;产业集聚,如好莱坞以及苏荷、百老汇等创意集聚区,使得互联网文化产业能获得丰厚的商业回报,大量的要素资源(资金、人才等)被吸引进入互联网文化产业领域。另一方面得益于良性的市场竞争,既有如 Google、Facebook、YouTube 等世界知名企业作为互联网文化产业的领军型企业,也有大量的新创期、成长期的中小微型互联网文化企业,促进了数字内容技术、渠道、平台等的发展,保障了异质化的、充足的、优质的互联网文化产品和服务供给,更好地满足消费者个性化、多元化的需求。竞争性市场环境的形成离不开美国崇尚企业家精神以及鼓励创新、创业、创意的文化。此外,行业协会在美国互联网文化产业发展中也起到了积极作用,比如娱乐软件协会(Entertainment Software Association)、网络出版协会(Online Publishers Association)、数字媒体协会(Digital Media Association)等。在缺乏专门的文化管理部门的背景下,行业协会通过其强大的影响力促进行业自律,推动行业标准、技术规范等的确立,促进行业人才培训、信息交流协调等,进而推动互联网文化产业健康、有序发展。

二、英国、法国、意大利:资源驱动型发展模式

英国最早提出了创意产业的概念。1997 年,英国成立文化、媒体和体育部(DCMS);1998 年,出台《英国创意产业路径文件》。二十年来,英国的创意产业得到了快速的发展。当前,英国创意产业占 GDP 比重达到 8%,居全球首位,是世界创意产业的领导者。互联网文化产业作为创意产业的重要组成部分,近年来对英国创意产业以及经济社会发展的贡献越来越大,未来的发展前景十分广阔。从英国创意产业包括互联网文化产业的发展历程来看,其发展模式呈现资源驱动的特点。英国的文化资源相对丰富,文化艺术、科学研究都有着悠久的历史,散布着大量的博物馆、艺术馆、科学博物馆、历史博物馆等,以及珍贵的文化遗产。牛顿发现万有引力、瓦特发明蒸汽机、法拉第

发明实用电等这些科学史上里程碑式的事件都发生在英国。文化遗产、现代艺术等在英国都有着良好的受众基础,创意和艺术教育体系相对领先,文化艺术、科普教育活动十分丰富。创意产业多年的发展亦积累了大量的创意资源,包括艺术家、设计师以及创意作品、创意项目等,伦敦和曼彻斯特是欧洲最大的两个创意中心。互联网文化产业既有广阔的消费市场,亦有大批高素质的从业人员,这些都为互联网文化产业的发展提供了肥沃的土壤。互联网文化产业借助数字技术开发文化资源,促使文化资源向文化资本转变,实现价值增值。在内容为王的时代,优质内容是稀缺资源,是获得竞争优势的关键。英国基于资源驱动的互联网文化产业发展模式强调对文化资源的转化和增值,是其获得成功的重要经验。

法国、意大利的互联网文化产业发展模式亦呈现出相似的特征。法国历史悠久,是文化遗产大国,20世纪90年代初就提出"文化例外"原则,非常重视对本国文化遗产的保护,通过创意、技术、革新去推动传统文化的传承。此外,在设计和时尚领域,法国也处于世界前端。意大利同样具有丰厚的文化底蕴,以艺术、历史、建筑等闻名世界,是世界文化大国。在文化资源禀赋存在突出优势的背景下,法国、意大利在发展互联网文化产业时,都强调利用数字技术对文化资源开发与利用,并以此推动产业的发展。

三、日本、韩国、澳大利亚:政策驱动型发展模式

政府政策在推动日本、韩国互联网文化产业发展与竞争力提升中,起到了关键性的作用。日本、韩国政府推动文化产业发展有相似的出发点。日本经历泡沫经济的崩溃,韩国饱受金融危机的打击,导致两国的经济持续低迷,一直徘徊在低谷,亟须寻找新的经济增长点,带动国家经济发展以及构筑国际竞争力。在此背景下,包括互联网文化产业在内的文化产业受到政府的重视。政府通过政策驱动,引导和培育产业发展。20世纪90年代末以来,不断推出各种各样的支持文化产业发展的产业规划和优惠政策,其中包括大量的推动数字技术与文化产业融合的规划与政策。为适应文化产业数字化、信息化发展的需要与趋势,日本、韩国近年来加大了对互联网文化产业的支持力度。相关具体政策有如日本推出的"E-Japan"计划、"U-Japan"计划、"I-Japan"

计划,韩国提出的"创造经济"增长的思路等。在政府政策的大力支持下,日本、韩国的互联网文化产业发展迅速,在全球市场中占据相当的份额,竞争力较强。政策驱动型发展模式取得了显著的成效。

澳大利亚互联网文化产业的发展也存在政策驱动型的模式特征。澳大利亚作为一个移民国家,需要形成独立的国家文化认同。因此,澳大利亚政府采取的是以发展文化和树立共同文化理念为核心的文化政策,推动了文化产业的迅速崛起。进入 21 世纪之后,随着全球范围内数字技术的普及与应用,澳大利亚通过出台和执行有针对性的政策,推动传统文化产业转型升级,具体包括《澳大利亚数字内容产业行动纲领》(2005)、《国家创新系统回顾》(2008)、《推动创意——21 世纪创新发展日程》(2009)、《澳大利亚数字经济的未来》(2009)等。[①] 这些政策在实践中有效地促进了数字技术与文化创意的融合,推动了互联网文化产业的繁荣发展。

四、印度、瑞典、芬兰:优势产业驱动型发展模式

部分国家在推动互联网文化产业发展中,依托其优势、特色产业,形成了独特的发展模式,比如印度、瑞典、芬兰。印度的软件产业(主要是软件外包业)崛起于 20 世纪 90 年代,在政府的大力支持下,软件产业已成为其支柱产业之一,在全球软件市场中占据重要地位,被誉为"世界第一大软件外包供应国"。虽然近年来印度软件产业面临转型升级、技术迭代更新、世界经济不确定性、海外市场萎缩、国内市场不旺、人才流失等诸多困境,但多年来的发展使得印度拥有一批熟练掌握英语的信息服务专业技术人员,且人工成本较为低廉,也拥有一批配备先进、具有较强竞争力的软件公司,以及较好的国际声誉和知名度。

互联网文化产业依托数字技术、信息技术,软件行业与互联网文化产业联系紧密。软件产业的良好基础为印度互联网文化产业的发展提供了重要支撑。动画产业即是典型的例子。由于较低的劳动力价格和较好的关联产业基础,海外动画从业者经常将动画制作外包至印度,推动了印度动画产业

---

① 王曦.澳大利亚文化创意产业发展对我国的启示——以"昆士兰模式"为例[J].中央财经大学学报,2013(1):71—77.

快速发展。印度动画公司从为跨国公司制作动画宣传片发展到为好莱坞制作整部大片,如《加菲猫2》《纳尼亚传奇》《怪物史莱克》等,一些西方动画公司纷纷在印度设立制片厂,如美国的 Toonz Animation 在印度设立了两个制片厂,雇用了近450名印度动画师。当然,除凭借软件产业外,印度互联网文化产业的发展还得益于其独特的传统文化。外包发展模式存在局限性,通过融入民族文化元素,印度动画产业开始推出本土的原创作品。

瑞典在数字音乐领域处于全球领先地位,拥有良好的数字音乐创作和发展环境。代表性企业瑞典流媒体音乐服务平台 Spotify 于2008年10月正式上线,目前已成为全球最大的流媒体音乐服务平台。截至2017年6月,Spotify 月活跃用户数达到1.4亿,付费订阅用户为6000万。

芬兰游戏产业自2010年以来处于高速增长的态势。在这个人口不到550万的国家,诞生了 Supercell 和 Rovio 等标杆型游戏公司,拥有超过250家的游戏公司,其中约有30家游戏公司年收入超过百万欧元。2016年,全球移动游戏的市场规模达到370亿美元,而芬兰公司收入占比就超过7%,芬兰游戏产业在全国 GDP 中占比也高达0.5%。[1]

第三节　全球互联网文化产业发展特点

从全球范围来看,互联网文化产业呈现快速发展的趋势。互联网文化产业得到了政府的高度重视,集聚了一批具有实力的投资者以及产品、服务供应商,产业发展环境不断优化完善,每年创造了巨额的利润,对就业以及关联产业具有重要的带动作用。同时,这又是一个充满无限可能、前景广阔的领域,新理念、新技术、新业态等不断产生,带给互联网文化产业新的变化,驱动了产业转型升级。当前,全球互联网文化产业主要呈现以下十大特征。

---

[1]　芬兰游戏产业的前世今生(一)[EB/OL].搜狐网,2017-6-19:https://www.sohu.com/a/150267269_99895245.

一、特色发展

从各国、各地区的实践来看,互联网文化产业的发展历史、发展重心、发展模式等都具有一定的区域差异,表现出鲜明的国家或地区特色。特色发展既是当下的发展现状,也是未来的发展趋势。这源于多方面因素的影响,涉及文化资源禀赋、产业发展基础、政府产业政策等方面。比如,美国凭借其相对健全的市场机制采取市场驱动型的发展模式,英国、法国、意大利基于其相对丰富的文化资源采取资源驱动型的发展模式,日本、韩国、澳大利亚得到了政府的大力支持采取政策驱动型的发展模式,印度、瑞典、芬兰依仗相关的优势、特色产业采取优势产业驱动型的发展模式。各国、各地区在发展互联网文化产业时,大多都考虑了本国的特色文化、产业基础及发展环境,重视对本地文化资源的挖掘和开发利用,重视相关产业之间的联动发展,重视国家产业政策的积极引导,采取符合国家、地区实际情况的发展路径。特色发展也有利于在全球互联网文化产业竞争中,发挥比较优势,把地域性、民族性特色转变为产业优势,提升本地互联网文化产业的竞争实力和发展活力,同时加强本国文化的认同感,抵御外来文化入侵。

二、创意引领

文化创意内容在全球互联网文化产业发展中起到关键性作用。内容资源的价值重要性越来越凸显,优质的内容是互联网文化产业的核心,只有不断地提升内容品质,开展内容创新,才能在全球市场中获得和保持竞争优势。从具体实践来看,一是传统文化资源的数字化保护和开发利用,借助数字技术实现传统文化资源的创造性转化和创新发展,挖掘和提升传统文化资源的价值,实现传统文化业态的数字化转型升级,英国、法国、意大利等国家在这方面都取得了很好的成效;二是满足数字创意时代文化消费需求的互联网文化内容创作,打造具有多元化开发潜力和强大受众影响力的原创 IP,涉及网络文学、网络视频、网络游戏等各个领域。近些年,广受关注的一些数字内容IP,诸如漫威、魔兽世界等,在全球范围获得了消费者的认可,产生了巨大的商业价值和文化价值,还带动了关联产业的发展。在此背景下,各国都越来越重视培养和集聚创意人才,注重优质内容生产,将其视为互联网文化产业发展的重要战略。

三、技术迭代

互联网信息技术、数字技术、移动通信技术等的发展与广泛应用是全球互联网文化产业发展的重要基础和驱动力。近年来,这些技术处于快速迭代的态势,且迭代速率也在加快。人工智能、物联网、VR/AR、云计算、大数据、图像识别、语音识别、可穿戴设备、3D 打印、5G、区块链等新一代技术不断涌现,引发了互联网文化产业内部的变革,催生了新的业态,也推动了商业模式的创新,蕴藏着推动全球互联网文化产业未来发展的强大动能。对于互联网文化企业,技术迭代既是巨大的机遇,也是艰巨的挑战。新技术的应用提升了用户体验,出现了一些颠覆性的产品和服务,开拓了新的文化消费市场,对传统模式、传统业态等造成了一定的冲击。以 VR/AR 为例,根据 IHS Markit 研究表明,2017 年消费级 AR 和 VR 内容和应用的全球市场规模较 2016 年增长 72%,达到 32 亿美元。[①] 大型的互联网文化企业越来越重视布局新兴技术领域,提升自主创新和技术研发能力,主动适应技术的变革升级。创新型的小企业则在技术快速迭代的行业环境中获得了前所未有的发展机会。

四、政策支持

互联网文化产业是极具发展潜力的文化产业新兴领域,受到了各国政府的广泛关注与支持。20 世纪 90 年代以来,不管是发达国家,还是发展中国家,都纷纷采取各种措施推动互联网文化产业的发展,包括出台优惠政策促进互联网文化产业发展、成立专门的机构引导互联网文化产业发展以及制定法律法规规范互联网文化产业发展等,具体涉及知识产权保护、税收补贴、金融投资、技术创新、人才培育、基础设施建设等不同方面。部分国家从国家战

---

① 2017 年 AR/VR 内容和应用的全球市场规模增长 72% 达 32 亿美元[EB/OL]. ZNDS 资讯,2018-4-17:https://news.znds.com/article/30573.html.

略的层面肯定了互联网文化产业的重要性,把互联网文化产业列入战略性新兴产业。未来,与互联网文化产业相关的政策红利有望继续释放,为全球互联网文化产业的发展带来更大机遇。实践中,政府给予互联网文化产业的政策支持起到了积极的效果。日本、韩国等国家就是典型的例子,在政府的大力推动下,互联网文化产业发展迅猛,在国际市场竞争中已经占据了一定的地位。成功的经验引来其他国家和地区学习效仿。除政府支持外,各种产业联盟、协会等也是推动全球互联网文化产业发展的重要力量。

五、产业集聚

集聚式发展可以说是不同国家、地区互联网文化产业发展的共同特点。无论是美国、英国,还是日本、韩国等国家,都形成了较为完善的互联网文化产业链体系。部分产业基础相对较弱的国家,则是在特定的互联网文化产业细分领域形成了一定的产业集聚,比如印度、瑞典、芬兰等国家。从具体实践来看,产业集聚首先体现在空间(地域)上的集中,全球知名的文化创意集聚区如纽约、洛杉矶、伦敦、曼彻斯特、巴黎等。很多国家、地区都在积极发展互联网文化产业园区,通过政策性优惠以及良好的基础设施、办公环境等吸引互联网文化企业入驻。空间上的集中降低了交易成本,产生了规模经济效益和范围经济效益,提升了区域互联网文化产业的竞争力。产业集聚还体现在微观的企业层面,企业通过纵向和横向的一体化行为,降低交易成本和经营风险,形成竞争优势。尤其是大型企业、跨国公司,大多采取了多元化的战略布局,在互联网文化产业的多个细分领域以及相关领域进行投资。

六、融合创新

融合创新发生在多个层次、多个方面,已成为全球互联网文化产业发展的常态,也为全球互联网文化产业创造了巨大的价值。首先是技术和内容的融合创新。互联网文化产业依托的是新兴的数字技术、信息技术等,技术创新带动了内容生产变革,通过应用新技术、新设备,内容生产效率及用户体验获得了显著提升,如大数据技术有效地挖掘了用户需求并推动了用户导向的内容生产,如 AI 技术已开始涉足文稿撰写、艺术创作等领域。其次是互联网文化产业内部的融合创新。网络文学、网络视频、网络游戏等互联网文化产业细分领域之间,以内容为核心,以技术为手段,通过融合创新,开发和拓展价值链。比如围绕一个网络文学 IP,可以制作影视作品、动漫作品以及开发端游、手游等,赋予 IP 新的生命力,挖掘 IP 更大的价值。最后是互联网文化产业与其他产业的融合创新。互联网文化产业与旅游休闲、饮食文化、生活教育、流行时尚等其他领域融合创新,在功能价值的基础上提升相关领域产品的文化价值和审美价值,将数字文化创意融入更多的生产消费场景中。

七、竞争加剧

全球互联网文化产业面临越来越激烈的市场竞争。少数实力雄厚、占据相当市场份额的大企业面临来自小企业的挑战。互联网文化产业这一新兴领域存在很多的发展机会,新技术、新模式、新业态等不断出现,大量优秀的、成长型、具备技术优势的小企业成长迅速。互联网文化企业面对的不单是地缘或国家性市场内的竞争者,而是全球性的产业竞争,跨国公司在全球互联网文化产业领域占据越来越重要的地位。总的来说,互联网文化企业的实力和水平参差不齐,各国政府通常采取抓大带小的策略,支持具有较强实力和影响力的大企业发展,提升区域互联网文化产业的总体发展水平,进而带动竞争力相对较弱的小企业发展。竞争加剧不仅体现在企业与企业之间,还体现在国家与国家之间。随着西方发达国家互联网文化消费市场日趋饱和,以及信息技术、数字技术的传播,发展中国家互联网文化产业的增长速率相对较快,竞争力不断提升,与发达国家的差距正在缩小,已成为全球互联网文化产业新的增长点,未来有望获得更加主动的地位以及更大的市场份额。

八、需求升级

从消费者的角度来看,全球互联网文化产业面临着消费需求升级的挑战。随着人们物质生活水平、审美水平的提高以及闲暇时间的增多,精神文化需求也在不断增长,并且呈现出多层次、个性化、优质化的特点,这就要求互联网文化产业,提供多样化且高质量的数字文化产品和服务,赋予其提供的数字文化产品和服务优质的内涵和创意。过去,一些粗制滥造、肤浅粗俗的数字文化产品能通过搞怪、博人眼球等获得市场关注,但这正在变得越来越困难。回顾近些年获得市场青睐的数字文化产品,无不是诚意之作、高品质之作、贴合消费者需求的产品。不少迎合了特定群体消费需要的个性化数字文化产品也获得了巨大的成功。消费需求升级也反映在互联网文化企业越来越多地关注和重视消费者的需求上,如开发垂直市场,避免同质化,满足细分市场消费者的个性化需求等。借助大数据、人工智能等技术,互联网文化企业能够更好地把握自己的消费者,精准地了解消费者的需要,推出受到消费者认可、市场欢迎的数字文化产品和服务。

九、投资火热

随着文化消费成为人们日常生活不可或缺的部分,新一代信息技术、数字技术等在文化生产、消费中得到广泛的应用,全球互联网文化产业与资本的融合正变得越来越紧密,是投资的热点领域。投资火热既是源于投资者对互联网文化产业市场的看好,也源于各国政府的大力推动与支持。从投资的具体领域来说,一是前沿技术领域,比如 VR/AR、AI 等,以 AI 领域为例,根据 PitchBook 的数据,2017 年全球人工智能和机器学习领域共获得风险投资超过 108 亿美元。过去十年来,该领域的风险投资大幅增长,2010 年投资不足 5 亿美元,2016 年达到 57 亿美元,而 2017 年投资额较 2016 年增长了接近一倍。[①] 二是优质 IP。IP 产业发展空间巨大,优质 IP 作为稀缺资源,引发大量的资本追逐。雄厚的资本同时又支撑了 IP 的商业化成功以及 IP 产业的繁荣发展。实践中,IP 投资发展出了一些新的模式、方式,比如近些年广受关注的众筹。三是新媒体、自媒体。近些年,国内外不少知名的新媒体、自媒体亦备受资本市场的青睐,获得了高额的投资,比如美国的 Mashable、BusinessInsider 等。

---

① 2017 年:全球人工智能的狂欢[EB/OL].搜狐网,2018-5-23:https://www.sohu.com/a/232640457_562020.

十、动力强劲

世界经济正处于新旧动能转换的关键时期,互联网文化产业作为新的经济增长点,在全球经济增长中扮演着重要的角色。就各国互联网文化产业的表现来看,一是产业规模持续扩大。互联网文化产业在文化产业、国民经济中的比重不断提高,创造了巨大的产值、利润、税收,解决了大量的就业问题,在部分国家、地区已成为支柱性产业。美国、英国、日本、韩国等国家的互联网文化产业都已形成庞大的规模和较为健全的产业体系。二是产业增速相对较快。广泛的用户基础、新技术的不断发展与普及,推动了互联网文化产业快速增长。互联网文化产业是文化产业中发展相对最快的关键部分,发展潜力巨大,前景广阔。作为智力密集型、高附加值的新兴产业,互联网文化产业相较于很多传统产业,增长速率明显较快。三是产业带动效应愈加凸显。互联网文化产业是一个产业链较长的产业,与制造业、金融业、旅游业等行业关系密切,其产业链可以延伸到这些相关行业,发挥积极的带动效应。随着互联网文化产业本身的发展壮大,其对相关行业的带动效应正变得越来越强。

第二章 我国互联网文化产业发展现状、特点与政策分析

第一节 我国互联网文化产业发展概况

"十三五"以来,我国将文化产业的重要性上升到国家战略层面,文化产业初具规模并成为经济增长的新动能和新引擎。国家统计局数据显示(如图2-1所示),我国文化产业增加值从 2012 年的 18071 亿元增加到 2017 年的 35462 亿元,占 GDP 的比重从 3.48% 提高到 4.29%。

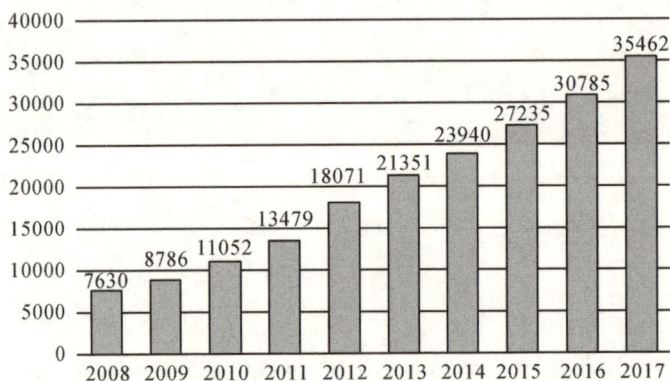

图 2-1 2008—2017 年中国文化产业增加值柱状图(单位:亿元)

2016 年,由于我国数字创意文化产业前期基数较高等原因,增速有所放缓,但仍然维持了 33.1% 的高速增长率,营收规模为 1586.4 亿元。《2016 年战略性新兴产业股市报告》认为,这反映了当下消费需求持续增长、消费结构

加快升级,文化、信息等新消费拉动作用明显增强。其中,数字内容领域增速超过 40%,连续两年领跑战略性新兴产业所有细分领域,体现了在内容为王的时代,优质内容价值进一步得到凸显。在营收数据方面,2016 年,战略性新兴产业上市公司中营收增速最快的企业大量集中在信息技术和数字创意领域,营收增速超过 100% 的战略性新兴产业上市公司企业数为 77 家,其中信息技术和数字创意领域上市企业共为 38 家,占据半壁江山。营收增速超过 50% 的战略性新兴产业上市企业有 217 家,其中新一代信息技术和数字创意领域的占比达 53.5%。[①] "互联网+"和"创意+"给新兴产业发展带来巨大机遇,打开了产业发展的新风口。

2017 年,互联网文化产业继续成为资本市场的热点,跨国、跨界并购时有发生,网络文学走向风口,"互联网+文化"融合加深。据统计(如图 2-2 所示),截至 2017 年 10 月,文化企业挂牌新三板的数量达到 354 家,但与 2016 年 818 家相比数量大幅下降。

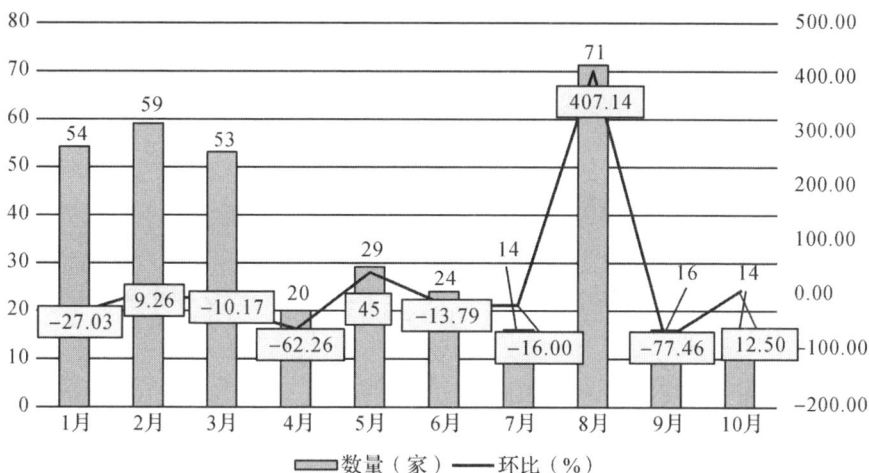

图 2-2 2017 年新三板挂牌文化企业数量和环比情况统计图[②]

我国互联网文化产业正在成为引领新供给、新消费的高速成长创意产业的重要组成部分,目前已形成"互联网+文化娱乐"的新业态,涵盖数字游戏、

---

① 曲晓燕. 2016 年战略性新兴产业上市公司业绩向好[N]. 中国文化报,2017-6-6.
② 年度盘点:2017 年文化产业资本市场全景图[EB/OL]. 中国经济网,2017-12-27:http://www.ce.cn/culture/gd/201712/27/t20171227_27452509.shtml.

互动娱乐、影视动漫、立体影像、数字教育、数字出版、数字典藏、数字表演、网络服务等多个产业领域。与此同时,互联网文化产业正在步入快速发展期。在文化产业统计分类中,与数字技术和互联网密切相关的文化信息传输服务,近两年平均增速超过 26%,是文化产业整体增速的两倍以上。

在国家统计局公布的 2017 年前三季度全国规模以上文化及相关产业企业营业收入情况中,以"互联网＋"为主要形式的文化信息传输服务业营业收入 5503 亿元,增长 36.0%,继续领跑文化产业。动漫游戏、网络文学、网络音乐、网络视频等数字创意产品拥有广泛的用户基础,与百姓生活越来越密切,已成为目前群众文化消费的主流产品。预计到 2020 年,我国数字创意文化产业规模有望接近 3 万亿元,相关行业产值规模将达到 8 万亿元。①

第二节　我国互联网文化产业行业动向

互联网文化产业涵盖多个细分领域,以下就数字动漫业、数字游戏业、数字出版业、数字影视业、网络娱乐业以及前沿领域,具体考察行业动向。

一、数字动漫业

我国动漫产业快速发展,产值从"十五"期末(2005 年)的不足 100 亿元,增长到"十一五"期末(2010 年)的 470.84 亿元,年均增长率超过 30%。近年来,我国动漫内容生产实力不断提升,类型和题材日趋多元化,在国家政策、资金、基地建设扶持背景下,动漫生产集群带和产业区培育初现端倪,动漫展会和交易气氛活跃。在媒介融合背景下,动漫生产与移动终端和互联网结合日益紧密②,动漫产业作为第三产业的重要组成部分得到快速发展。截至 2016 年底,我国动漫产业产值达到 1320 亿元,同比增长 16.6%。比达咨询发

---

① 数字创意产业迎风口 市场规模有望达万亿元[EB/OL]. 中国产业经济信息网,2017-11-9:http://www.cinic.org.cn/xw/schj/408402.html.

② 李佩娟.2018 年动漫产业发展现状及趋势分析 国漫稳定格局尚未形成[EB/OL]. 前瞻网,2018-4-17:https://www.qianzhan.com/analyst/detail/220/180417-4ef6de09.html.

布的研究报告显示,2017 年,我国动漫产业产值达到 1520 亿元,同比增长 15.2%。① 2017 年,我国动漫行业共完成 88 笔融资,相比 2016 年的 77 笔,动漫产业融资数量有明显提升,融资规模也大幅增加。其中达到亿级规模的融资项目 6 笔,达到千万级的项目 42 笔,百万级的项目 32 笔,总投资额约 30 亿元人民币。2017 年新上线动漫超过 600 部,平台动漫内容的持有量持续上升。②

二、数字游戏业

中国音数协游戏工委(GPC)、伽马数据(CNG)、国际数据公司(IDC)联合发布《2017 年中国游戏产业报告》③提出,我国游戏产业在整体收入的增长方面逐渐回暖,2017 年我国游戏市场实际销售收入达到 2036.1 亿元,同比增长 23.0%。自 2014 年出现的销售收入增长率下滑的情况得以缓解,我国游戏市场表现出良好的发展态势。

报告显示,我国游戏用户数量增幅并不明显,用户规模达到 5.83 亿人,同比增长 3.1%。综合 2014 年至 2017 年的用户数据来看,我国的游戏用户规模增长速度已经处于较低的状态,游戏用户数量已经趋于饱和。截至 2017 年年末,我国上市游戏企业数量达 185 家,其中 A 股上市游戏企业 151 家,占 81.6%;港股上市游戏企业 26 家,占 14.1%;美股上市游戏企业 8 家,占 4.3%。移动游戏仍然是我国游戏市场收入的最重要构成,其地位正变得越来越重要。

报告还显示,2017 年的游戏市场中,移动游戏市场实际销售收入 1161.2 亿元,份额继续增加,占 57.0%;客户端游戏市场实际销售收入 648.6 亿元,份额减少,占 31.9%;网页游戏市场实际销售收入 156.0 亿元,份额大幅减少,占 7.6%;家庭游戏机游戏市场实际销售收入 13.7 亿元,份额有所增加,

①　比达咨询:2017 年我国动漫产业产值达 1520 亿元[EB/OL]. 比达网,2018-5-24:http://www. bigdata-research. cn/content/201805/688. html.

②　2017 年中国动漫游戏全国产业年度报告(摘要版)[EB/OL]. 出版发行研究杂志社,2018-11-20:http://www. chuban. cc/cbfxyj/szwl/201811/t20181120_179825. html.

③　2017 中国游戏产业报告:收入超 2 千亿,同比增长 23.0%,手游占比超 50%[EB/OL]. 36Kr,2017-12-19:https://36kr. com/p/5108797. html.

占 0.7％。国产游戏仍为我国游戏产品中的最重要部分。报告显示,国家新闻出版广电总局批准出版游戏约 9800 款,其中国产游戏约 9310 款,进口游戏约 490 款。在约 9310 款国产游戏中,客户端游戏约占 1.5％,网页游戏约占 2.3％,移动游戏约占 96.0％,家庭游戏机游戏约占 0.2％。

由于移动游戏近几年的出色表现,2017 年其仍然为我国游戏企业的必争之地。移动游戏市场实际销售收入达到 1161.2 亿元,同比增长 41.7％,依旧保持着较高的收入增长。和 2016 年的情况类似,2017 年我国移动游戏市场收入依然保持着超 300 亿的增长幅度,能够从一定程度上说明目前我国移动游戏仍然处于高速发展阶段。

我国电子竞技游戏市场实际销售收入达到 730.5 亿元,同比增长 44.8％。其中,客户端电子竞技游戏市场实际销售收入达到 384.0 亿元,同比增长 15.2％;移动电子竞技游戏市场实际销售收入达到 346.5 亿元,同比增长 102.2％。此外,我国知识产权(IP)移动游戏市场实际销售收入达到 745.6 亿元,同比增长 36.2％,占我国移动游戏市场实际销售收入的 64.2％。以知识产权(IP)为媒介,与其他娱乐产业联动的游戏产品越来越多,融合形式也多种多样,成为游戏产业重要的组成部分。一方面,传统的知识产权(IP)游戏依然是融合的主力,也是构成市场实际销售收入的主力。另一方面,融合模式步入多元化,以现有的游戏知识产权(IP)创造出了更多元的文创作品。2017 年,我国自主研发的网络游戏在海外市场的实际销售收入达 82.8 亿美元,同比增长 14.5％。

三、数字出版业

按照中国新闻出版研究院发布的《2016—2017 中国数字出版产业年度报告》[①],2016 年我国数字出版产业总收入 5720.85 亿元,比 2015 年增长 29.9％。其中,互联网期刊收入 17.5 亿元,电子书收入 52 亿元,数字报纸(不含手机报)收入 9 亿元,博客类应用收入 45.3 亿元,在线音乐收入 61 亿元,移动出版收入 1399.5 亿元,在线教育收入 251 亿元,互联网广告收入 2902.7 亿

---

① 《2016—2017 中国数字出版产业年度报告》在京发布[EB/OL]. 中华人民共和国国家新闻出版广电总局,2017-7-14;http://www.gapp.gov.cn/sapprft/govpublic/6954/339730.shtml.

元。有声读物已成为数字阅读领域继电子书之后的新兴增长极,2016 年我国有声阅读市场增长 48.3%,达到 29.1 亿元。数字出版产业发展趋势体现在人工智能技术将重塑出版流程、IP 运营将实现从量变到质变跨越升级、数字教育出版生态圈逐步形成、学术期刊集群化向纵深发展等方面,各出版单位在融合发展方面的成绩和实力将分出伯仲,形成的分水岭将考验各家出版单位的内容生产水平、技术应用水平、运营能力以及资本运作能力。

2017 年,我国网络广告市场规模为 2957 亿元,在去年基础上增长 28.8%,网络广告市场进一步成熟,市场结构趋于稳定,广告投放预算正在以更快的速度向移动端转移,主流互联网广告运营商广告收入结构呈现移动端压倒 PC 端的态势。从发展趋势来看,技术仍然是互联网广告快速发展的驱动力量,通过智能算法、数据挖掘实现精准推送;创意方面将深度整合直播、社交、游戏、奖金等激励元素;渠道方面,互联网广告将逐渐成为广告主常规、主流、高效的投放渠道。

2017 年,网络音乐用户规模达 5.48 亿,较 2016 年底增加 4496 万,占网民总体的 71.0%。手机网络音乐用户规模达到 5.12 亿,较 2016 年底增加 4381 万,占手机网民的 68.0%。国内网络音乐行业格局基本确立,版权竞争和泛娱乐生态融合趋势得到延续,线上线下音乐产业联系更加密切。从网络音乐行业自身发展来看,版权仍是未来各厂商的长期竞争重点。从网络音乐与其他新生业态的融合发展来看,音乐与社交、短视频的融合有望成为行业未来新的增长点。于 2016 年底上线的音乐短视频社区应用抖音在 2017 年用户规模快速增长,并在 11 月以 10 亿美元并购了北美同类产品 Musical. ly。

截至 2017 年 12 月,网络文学用户规模达到 3.78 亿,较上年底增加 4455 万,占总体网民数量的 48.9%。手机网络文学用户规模为 3.44 亿,较上年底增加 3975 万,占手机网民数量的 45.6%。得益于国内数字内容版权制度的不断完善,网络文学行业在 2017 年实现了进一步发展。国内各类原创文学网站作品总量累计达 1630 万部。IP 运营对网络文学的影响明显,原创占比从 69% 上升到 79.7%,说明 IP 使网络文学原创数量激增且更受欢迎。以 IP 为核心的互联网文化业态已成为网络文学发展的重要推动力量,网络文学本身凝聚内容价值、粉丝价值、营销价值,催生了各类孵化 IP 产业平台的诞生,阅文集团、中文在线、网易云阅读、阿里文娱、爱奇艺文学等已形成竞争之势。

四、数字影视业

原新闻出版广电总局电影局发布的数据(如图 2-3 所示)显示,2017 年全国电影总票房为 559.11 亿元,同比增长 13.45%,相比前年的增长 4%,已经重回高速增长态势。国产电影海外票房和销售收入 42.53 亿元,同比增长 11.19%。2017 年,各大互联网集团继续加大力度推动影视产业链的布局,电影网络平台也发生了变化。淘票票的活跃用户渗透率从 21.8% 升至 26.8%,成为行业第一。

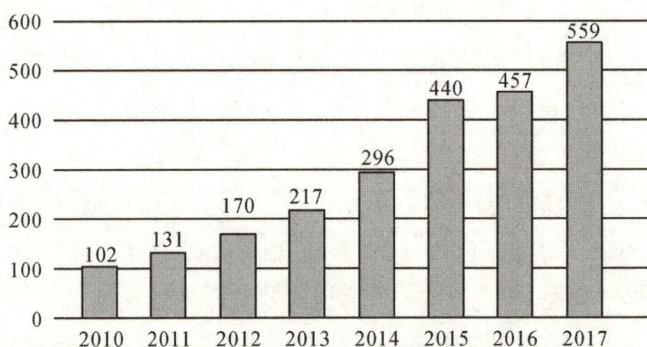

图 2-3 2010—2017 年我国电影票房(单位:亿元)

互联网影视产品成为新型文化消费产品。它既是传统影视产业的竞争对象,同时也在重新塑造着影视产业的新面貌。网络视频资源在传播形式上呈现出移动化趋势,网络视频自制内容也在向精品化发展,且会员付费收入增长态势明显,视频生态圈逐步形成。2017 年上半年,各网站在国家新闻出版广电总局备案播出的网络剧近 400 部、网络电影 4000 余部、网络动画片 568 部、网络纪录片 84 部、网络栏目近 4600 档,继续保持增长态势。2017 年网络大电影产业进入了调整期,上线的网络大电影总数为 1973 部,较 2016 年的 2193 部下降了 220 部。尽管整体上线量和点击量出现了明显的下降,但单片平均投入和头部影片的票房分账收入都出现了大幅增长,并涌现出了一批"精品化"的作品。爱奇艺、腾讯视频、优酷等平台也出台了一系列举措扶持网络大电影的发展,总体来看,网络大电影产业正朝着更加规范化、健康化的方向发展。①

五、网络娱乐业

2017 年,网络文化类应用用户规模均保持高速增长,强烈的市场需求、政策的鼓励引导、企业的资源支持共同推动网络文化产业进入全面繁荣期。截至 2017 年 12 月,网络直播用户规模达到 4.22 亿,较 2016 年增长 22.6%。其中,游戏直播用户规模达到 2.24 亿,较上年底增加 7756 万,占网民总体的 29.0%;真人秀直播用户规模达到 2.2 亿,较上年底增加 7522 万,占网民总体的 28.5%。②

截至 2017 年 12 月,网络视频用户规模达 5.79 亿,较上年底增加 3437 万,占总体网民数量的 75.0%。手机网络视频用户规模达到 5.49 亿,较上年底增加 4870 万,占手机网民总体的 72.9%。2017 年网络视频行业保持良性发展,用户付费能力明显提升。调查数据显示,2017 年国内网络视频用户付费比例达到 42.9%,相比 2016 年增长 7.4%,且用户满意度达到 55.8%,预计未来仍将保持较高速的增长趋势,网络视频行业移动化、精品化、生态化进程也将持续推进。

六、前沿领域

我国顺应新一轮科技革命和产业变革趋势,高度重视颠覆性技术创新与应用,以技术创新推动产品创新、模式创新和业态创新,更好满足智能化、个性化、时尚化消费需求,引领、创造和拓展消费新需求。截至 2017 年 12 月,我国境内外上市互联网企业数量达到 102 家,总体市值达到 8.97 万亿人民币。其中腾讯、阿里巴巴和百度公司的市值之和占总体市值的 73.9%。上市企业中的网络游戏、电子商务、文化传媒、网络金融和软件工具类企业分别占总数

---

①　彭侃.2017 年网络大电影产业发展报告(上)[EB/OL].搜狐网,2018-2-25:http://www.so-hu.com/a/223928551_100097343.

②　第 41 次中国互联网络发展状况统计报告[EB/OL].中国互联网络信息中心,2018-3-5:ht-tp://www.cnnic.net.cn/hlwfzyj/hlwxzbg/hlwtjbg/201803/P020180305409870339136.pdf.

的 28.4％、14.7％、10.8％、9.8％、5.9％。截至 2017 年 12 月,中国网信独角兽企业总数为 77 家,其中北京独角兽企业数占比为 41.6％,上海独角兽企业占比为 23.4％。[①]

按文化部《关于推动数字文化产业创新发展的指导意见》,下一步将超前布局前沿领域,促进虚拟现实产业健康有序发展,开拓混合现实娱乐、智能家庭娱乐等消费新领域,推动智能制造、智能语音、3D 打印、无人机、机器人等技术和装备在数字文化产业领域的应用,不断丰富产品形态和服务模式,拓展产业边界。

第三节　我国互联网文化产业发展特点与趋势

我国互联网文化产业发端于 20 世纪 90 年代,"十二五"以来逐渐成长为五大战略性新兴支柱产业之一,涵盖广播影视、新闻出版、网络、动画、游戏、互动多媒体等业态,并在政策、技术、资本等多种利好因素的促动下呈现出新的特点。

一、移动互联网促进三网融合下互联网文化产业的兴起

在移动互联网时代,微博、微信等新型数字媒体成为文化传播的主要方式,而基于文化和科技融合的数字新媒体公司在传播信息的同时,逐渐形成了独特的网络文化。以优酷和爱奇艺为例,它们基于信息技术平台建立了在 PC 和手机等不同终端中随处可以访问的视频播放平台和社会关系系统,通过视频资源将用户、内容生产者、电视台等整合起来,形成新的网络视频文化。[②] 数字媒体和科技持续融合,形成全新的文化传播与消费模式。在移动互联网条件下,各种基于移动技术的新兴文化业态和数字媒体广泛出现,以

---

① 2017 年中国互联网络行业总体发展情况分析【图】[EB/OL].中国产业信息网,2018-3-14:http://www.chyxx.com/industry/201803/618804.html.

② 周庆山,罗戈.我国数字文化产业发展趋势、挑战与规制策略[J].图书情报工作,2014,58(10):6—10,18.

优酷和爱奇艺为代表的网络视频平台,以微博和微信为代表的以社会关系网络为基础进而搭载娱乐、游戏、传媒功能的新型文化平台等新文化业态,逐步成为热点。以广播电视领域为例,新的视频网站改变了传统的收视习惯,人们不再局限于时间地点,而是随时随地、多选择地观看,适应视频网站特点的微电影更是开创了新的文化内容形式。

二、文化消费和互联网文化产业发展的互动性强化

目前的文化消费已从传统的电视等转移到手机、平板电脑等更为便捷的移动终端上,体现出消费渠道多样化、消费行为碎片化等特点。利用社交网络吸引和联系消费者,可有效促进文化消费行为的传播。新的消费方式促使文化产品向网络化、易用性等方向转移,用户在新媒体平台上消费文化产品、分享评论、下载或者购买周边产品,通过社会网络和微信等进行人际传播,形成独特的文化现象。越来越多的消费者接受了付费收看网络视频的消费方式,付费会员成为当前视频网站的重要消费群体。[①] 截至 2017 年 6 月,中国网络视频用户规模达到 5.65 亿,用户使用率为 75.2%,较 2016 年底用户规模增长 2026 万。国家新闻出版广电总局网络视听节目备案库的数据显示,2017 年前 10 个月共有网络剧 555 部、6921 集,网络电影 5620 部,网络动画片659 部,综艺、娱乐、财经、体育、教育等专业类节目 2725 档备案。

三、"文化＋科技"的融合催生新型互联网文化产业形态

在"文化＋科技"的融合趋势下,互联网文化产业不断创新自身产业形态,产生了诸多顺应当前市场趋势的新产业。互联网艺术品拍卖是典型的代表。在"互联网＋艺术品"带动下,艺术品市场的互联网创新不断成熟。互联网技术、VR 技术以及电子商务发展带来了网络拍卖、移动终端拍卖、电子可视技术拍卖等新的拍卖形式。Artprice 发布的全球艺术市场年度报告显示,2017 年全球纯艺术品拍卖成交额达到 149 亿美元,较上年增长 20% 以上。中

① 　2016 年第 4 季度中国电影在线票务市场分析[EB/OL]. 中商情报网,2017-4-11:http://www.askci.com/news/hlw/20170411/13591995678.shtml.

国保持全球艺术品市场第一位置,成交额达 51 亿美元,较 2016 年增长 7%,占全球总额 34.2%。其中,艺术品在线交易销售总额超过 30 亿美元,同比增长 20%以上。中国嘉德、北京保利、广东崇正以及国际拍卖行佳士得、苏富比等传统拍卖公司都在积极布局线上交易。① 目前,网络竞拍平台建设已经比较成熟,再加上严格的艺术品监管制度与新兴的 VR 等智能技术,网络竞拍成为艺术品市场交易的未来趋势。根据《TEFAF 2017 艺术品市场报告》,67%的艺术品经销商表示在线销售平台(包括他们自己的网站和第三方网站)的重要性日益显著,并将对他们未来的盈利产生更大影响。②

第四节　我国互联网文化产业政策梳理与分析

我国高度重视新兴文化业态,将互联网文化产业作为文化产业转型升级的重要方向。2009 年,《文化产业振兴规划》发布,明确提出数字内容产业是新兴文化业态发展的重点;2011 年,《"十二五"规划纲要》提出"发展数字内容服务,大力发展文化创意、影视制作、出版发行、印刷复制、演艺娱乐、数字内容和动漫等重点文化产业";2014 年,《推进文化创意和设计服务与相关产业融合发展的若干意见》提出促进文化产业与科技的融合,包括移动互联网在内的数字文化产业、动漫、手游等文创企业都将获得政府支持。特别是"十三五"以来,我国高度重视互联网文化产业,制定互联网文化产业相关的系列政策,对互联网文化产业发展走向作出顶层设计,并逐步清晰具象化的重点布局和引导。

一、《国务院关于积极推进"互联网＋"行动的指导意见》

2015 年 7 月,国务院印发《国务院关于积极推进"互联网＋"行动的指导

---

① Artprice 发布 2017 全球艺术市场年度报告[EB/OL]. 硅谷动力,2018-2-28;http://www.enet.com.cn/article/2018/0228/A20180228043538.html.

② TEFAF 2017 艺术品市场报告:市场从拍卖模式转向经销商模式[EB/OL]. 搜狐网,2017-3-4;http://www.sohu.com/a/127850413_149159.

意见》（以下简称《意见》），提出要使"互联网＋"成为经济社会创新发展的重要驱动力量，并推出"互联网＋"创业创新、"互联网＋"协同制造、"互联网＋"现代农业、"互联网＋"智慧能源、"互联网＋"普惠金融、"互联网＋"益民服务、"互联网＋"高效物流、"互联网＋"电子商务、"互联网＋"便捷交通、"互联网＋"绿色生态、"互联网＋"人工智能等重点行动计划，"互联网＋文化"也是其中的一个重要维度，并逐渐成为热议的话题。

《意见》提出，坚持开放共享，营造开放包容的发展环境，将互联网作为生产生活要素共享的重要平台，最大限度优化资源配置，加快形成以开放、共享为特征的经济社会运行新模式。坚持融合创新，鼓励传统产业树立互联网思维，积极与"互联网＋"相结合。推动互联网向经济社会各领域加速渗透，以融合促创新，最大程度汇聚各类市场要素的创新力量，推动融合性新兴产业成为经济发展新动力和新支柱。

加强创新能力建设。鼓励构建以企业为主导，产学研用合作的"互联网＋"产业创新网络或产业技术创新联盟。支持以龙头企业为主体，建设跨界交叉领域的创新平台，并逐步形成创新网络。强化知识产权战略。加强融合领域关键环节专利导航，引导企业加强知识产权战略储备与布局。加快推进专利基础信息资源开放共享，支持在线知识产权服务平台建设，鼓励服务模式创新，提升知识产权服务附加值，支持中小微企业知识产权创造和运用。加强网络知识产权和专利执法维权工作，严厉打击各种网络侵权假冒行为。增强全社会对网络知识产权的保护意识，推动建立"互联网＋"知识产权保护联盟，加大对新业态、新模式等创新成果的保护力度。

二、《"十三五"国家战略性新兴产业发展规划》

2016 年 3 月，《政府工作报告》首次提出"大力发展数字创意产业"。全国人大审议通过的《中华人民共和国国民经济和社会发展第十三个五年规划纲要》，在第 23 章"支持战略性新兴产业发展"中明确列出"数字创意产业"。12 月 19 日，国务院正式公布《"十三五"国家战略性新兴产业发展规划》。与互联网文化产业紧密结合的数字创意产业，首次被纳入国家战略性新兴产业发展规划，成为重点培育的 5 个产值规模达 10 万亿元级的新支柱产业之一。

2017 年 8 月 24 日,国务院印发《关于进一步扩大和升级信息消费,持续释放内需潜力的指导意见》,再度提出大力发展数字创意产业,并透露将制定相关政策,促进数字创意产业的进一步发展。

三、《"十三五"国家信息化规划》

2016 年 12 月,国务院印发的《"十三五"国家信息化规划》提出,到 2020 年,"数字中国"建设取得显著成效,信息化发展水平大幅跃升,信息化能力跻身国际前列。信息领域核心技术设备自主创新能力全面增强,新一代网络技术体系、云计算技术体系、端计算技术体系和安全技术体系基本建立。集成电路、基础软件、核心元器件等关键薄弱环节实现系统性突破。5G 技术研发和标准制定取得突破性进展并启动商用。云计算、大数据、物联网、移动互联网等核心技术接近国际先进水平。部分前沿技术、颠覆性技术在全球率先取得突破,成为全球网信产业重要领导者。

推进"互联网+"行动,促进互联网深度广泛应用,带动生产模式和组织模式变革,形成网络化、智能化、服务化、协同化的产业发展形态。大力发展基于互联网的众创、众包、众扶和众筹,推进产业组织、商业模式、供应链创新。推动生产性服务业向专业化和价值链高端延伸,促进生活性服务业向精细化和高品质转变。鼓励企业利用互联网推动服务型制造发展,开展个性化定制、按需设计、众包设计等服务,创新生产制造和经营销售环节,提供网络化协同制造、全生命周期管理等业务。

四、《文化部关于推动数字文化产业创新发展的指导意见》

2017 年 4 月,文化部发布《文化部关于推动数字文化产业创新发展的指导意见》(以下简称《指导意见》),整体规划上提出优化数字文化产业供给、优秀文化资源数字化、与相关产业融合发展、扩大和引导数字文化消费四个主要发展方向,并对动漫、游戏、网络文化、数字文化装备、数字艺术展示等主要产业领域进行重点布局和引导。

《指导意见》提出,坚持以人民为中心的发展思想,坚持社会主义先进文化的前进方向,弘扬社会主义核心价值观,把社会效益放在首位,实现社会效益与经济效益相统一,充分发掘优秀文化资源,提高数字文化产业品质内涵,讲好中国故事,弘扬中国精神。坚持自主创新,加强内容原创和技术研发,培育发展新动力,构建产业新体系,推动数字文化产业内容、技术、模式和业态创新,提供有效优质供给,促进文化消费。立足国际国内两个市场,加强国际交流合作,加快与相关产业的多向深度融合,走开放式创新和国际化发展道路,不断提高我国数字文化产业发展的整体实力和国际竞争力。针对薄弱环节、制约瓶颈和重点领域,完善政策措施,优化发展环境,改善行业规制,充分发挥各级政府部门规划引导、政策扶持和组织协调作用,激发数字文化产业创新活力与投资活力。

《指导意见》提出了数字文化产业的发展目标,包括数字文化产品和服务供给质量不断提升、供给结构不断优化、供给效率不断提高,数字文化消费更加活跃,成为扩大文化消费的主力军。培育若干社会效益和经济效益突出、具有较强创新能力和核心竞争力的数字文化领军企业,一批各具特色的创新型中小微数字文化企业。动漫、游戏、网络文化、数字文化装备、数字艺术展示等重点领域实力明显增强。数字文化产业生态体系更加完善,产业支撑平台更加成熟,市场秩序更加有序,政策保障体系更加完备。到 2020 年,形成导向正确、技术先进、消费活跃、效益良好的数字文化产业发展格局,在数字文化产业领域处于国际领先地位。

在引导数字文化产业发展方向方面,包括优化数字文化产业供给结构,以供给侧结构性改革为主线,提升数字文化产业文化内涵、技术水平和产品质量。加强数字文化产业原创能力建设,鼓励全民创意、创作联动等新方式,发挥高新技术对内容创作、产品开发、模式创新的支撑作用,提高产品品质、丰富表现形式。深化"互联网+",深度应用大数据、云计算、人工智能等科技创新成果,促进创新链和产业链有效对接,促进优秀文化资源数字化。实施数字内容创新发展工程,鼓励对艺术品、文物、非物质文化遗产等文化资源进行数字化转化和开发,实现优秀传统文化资源的创造性转化和创新性发展。依托地方特色文化,开发具有鲜明区域特点和民族特色的数字文化产品。

推进数字文化产业与相关产业融合发展。推进数字文化产业与先进制造业、消费品工业融合发展,与信息业、旅游业、广告业、商贸流通业等现代服务业融合发展,与实体经济深度融合。强化文化对信息产业的内容支撑、创意提升和价值挖掘作用,提升用户体验。推动数字文化在电子商务、社交网络的应用,与虚拟现实购物、社交电商、"粉丝"经济等营销新模式相结合。扩大和引导数字文化消费需求。顺应群众期盼和市场需求,结合引导城乡居民扩大文化消费试点工作,增加数字文化产业有效供给,补齐内容短板、丰富服务模式、提升消费体验,引领时尚消费潮流,满足现代生活方式需求。把握知识产权环境改善、用户付费习惯养成、网络支付手段普及的有利机遇,充分挖掘消费潜力和市场价值。

在着力发展数字文化产业重点领域方面,推动动漫产业提质升级。发挥好动漫独特的艺术魅力和传播优势,创作生产优质动漫产品。坚持品牌化发展战略,促进动漫"全产业链"和"全年龄段"发展。推动游戏产业健康发展。加强游戏内容价值导向管理,建立评价奖惩体系,扶持传递正能量、宣传优秀传统文化、弘扬社会主义核心价值观的游戏品牌。丰富网络文化产业内容和形式。实施网络内容建设工程,大力发展网络文艺,丰富网络文化内涵,推动优秀文化产品网络传播。鼓励生产传播健康向上的优秀网络原创作品,提高网络音乐、网络文学、网络表演、网络剧(节)目等网络文化产品的原创能力和文化品位。增强数字文化装备产业实力。适应沉浸体验、智能交互、软硬件结合等发展趋势,推动数字文化装备产业发展,加强标准、内容和技术装备的协同创新。研发具有自主知识产权、引领新型文化消费的可穿戴设备、智能硬件、沉浸式体验平台、应用软件及辅助工具,加强以产品为基础的商业模式创新。

发展数字艺术展示产业。积极发展以数字技术为手段,以光学、电子等新兴媒介为表现形式,贴近群众生活和市场需求的数字艺术展示产业,以数字艺术手段传承中华美学精神。发挥数字艺术高互动性、高应用性、高融合性的特点,拓展数字艺术展示应用范围和市场空间。超前布局前沿领域。顺应新一轮科技革命和产业变革趋势,高度重视颠覆性技术创新与应用,以技术创新推动产品创新、模式创新和业态创新,更好满足智能化、个性化、时尚化消费需求,引领、创造和拓展消费新需求。促进虚拟现实产业健康有序发展,开拓混合现实娱乐、智能家庭娱乐等消费新领域,推动智能制造、智能语音、三维(3D)打印、无人机、机器人等技术和装备在数字文化产业领域的应用,不断丰富产品形态和服务模式,拓展产业边界。

2017 年 12 月,中共中央政治局就实施国家大数据战略进行第二次集体学习,强调要构建以数据为关键要素的数字经济,推进"互联网＋文化"。这是国家高层对实施国家大数据战略、加快建设数字中国的战略部署,为推动数字文化产业及其和实体经济深度融合指明了方向。

五、重点行业和领域相关政策

互联网文化产业重点行业和领域的相关政策也密集推出,直接指导或推动互联网文化产业细分行业领域的下一步走向。

国务院办公厅发布的《关于促进电影产业繁荣发展的指导意见》,从电影产业发展的总体要求、基本原则和发展目标及主要措施进行了充分阐述,是颁布《文化产业振兴规划》以来,在国家层面上促进电影产业发展的纲领性文件,体现了政府对电影产业所寄予的殷切厚望。意见提出大力支持城镇数字影院建设,实施电影数字化发展规划,大力推广数字技术在电影制作、发行、放映、存储、监管等环节的应用。一方面明确了坚持"二为"方向和"双百"方针,弘扬社会主义核心价值体系,走中国特色电影产业发展道路,以丰富产品和加快产业发展为主题,以改革创新为动力,以数字化技术为支撑,以现代化基础设施为依托,以科学管理为保障,以满足人民群众日益增长的精神文化需求为出发点和落脚点,大力推动我国电影产业跨越式发展。另一方面确立了电影产业繁荣发展的七个总体目标,例如电影数字化技术装备水平和电影制作加工质量大幅提高,在电影数字化转换、修护、存储、传输、放映,动画软件开发等方面取得重大进展。电影数字化发行放映网络日益完善,基本实现全国地级市、县级市和有条件县城的数字影院覆盖。

为进一步加快文化发展改革,建设社会主义文化强国,文化部立足于目前中国文化产业的现状,结合"互联网＋"与"媒体融合"的发展趋势,于 2017 年 2 月印发《文化部"十三五"时期文化发展改革规划》,提出推动中国国际网络文化博览会市场化、国际化、专业化,支持原创动漫创作生产和宣传推广,持续推动手机(移动终端)动漫等标准制定和推广,强调促进文化产业优化升级,提高文化产业发展的质量和效益。推进文化产业领域供给侧结构性改革,增强供给结构对需求变化的适应性和灵活性,努力实现更高层次的供需平衡。促进传统文化产业转型升级，加快发展动漫、游戏、创意设计、网络文化等新型文化业态，推动"互联网＋"对传统文化产业领域的整合。落实国家战略性新兴产业发展的部署，加快发展以文化创意为核心，依托数字技术进行创作、生产、传播和服务的数字文化产业。推进文化创意和设计服务与实体经济深度融合，催生新技术、新工艺、新产品，满足新需求。推进文化产业与制造、建筑、设计、信息、旅游、农业、体育、健康等相关产业融合发展，增加文化含量和产品附加值，把文化资源转化为产业优势和市场优势。

国家新闻出版广电总局编制发布的《新闻出版业数字出版"十三五"时期发展规划》，提出要实现数字出版总营收保持年均增长速度 17％，国民数字阅读率达到 70％，数字化产品和服务在公共文化服务中的采购比例达 40％，产品海外市场收入达到 110 亿美元，传统内容资源数字化转换率达到 80％。其中重要任务包括：(1)全面完成传统新闻出版业数字化转型升级；(2)初步实现传统媒体与新兴媒体融合发展；(3)大力提升数字出版产品质量；(4)基本建成数字出版公共文化服务体系；(5)努力拓展数字出版服务领域；(6)积极探索新兴管理体制机制等，重点任务包括完成"数字出版千人培养计划"和"少数民族文化数字出版促进工程"实施方案编制工作。

2017 年 1 月，中共中央政治局就深入推进供给侧结构性改革进行第三十八次集体学习，强调推进供给侧结构性改革是我国经济发展进入新常态的必然选择，必须把改善供给侧结构作为主攻方向，从生产端入手，提高供给体系质量和效率，扩大有效和中高端供给，增强供给侧结构对需求变化的适应性，推动我国经济朝着更高质量、更有效率、更加公平、更可持续的方向发展。文化供给侧结构性改革是供给侧结构性改革的重要维度，数字文化产业也必须遵循供给侧结构性改革的战略思路。

2016 年 11 月，十二届全国人大常委会第二十四次会议通过了《电影产业促进法》(于 2017 年 3 月 1 日开始执行)，对通过互联网、电信网、广播电视网等信息网络发行、放映电影做出法律规定，对数字电影创作、市场发展、技术创新等方面做出了明确规定，是我国文化产业领域的第一部法律。在推动电影创作方面，《电影产业促进法》明确电影活动的指导思想和创作原则。鼓励创作思想性、艺术性、观赏性相统一的优秀电影，扶持传播中华优秀文化、弘扬社会主义核心价值的重大题材电影，促进未成年人健康成长的电影。在发行、放映方面,《电影产业促进法》强调简政放权,也注重加强事中事后监管力度,以规范市场秩序,引导形成统一开放、公平竞争的电影市场环境。该法的立法目的在于规范电影产业发展和市场秩序,通过简政放权、加大扶持力度,提高电影整体发展的工业化和现代化水平,以新的问题意识重新讨论中国电影的市场竞争特别是内容生产与消费问题,重新将电影观念问题化,对于促进电影产业大跨步地健康发展具有划时代的重大意义。

这些政策特别是法律的出台,表明互联网文化产业单一的扩大生产式生产已成"过去式",数字文化经济的发展指标也不再是"唯 GDP 论",互联网文化产业供给与需求已从数量上的"缺口"转为质量上的"缺位",进入调结构、保质量、稳增长的新阶段。

可以预见,互联网文化产业实践积累一定经验之后,在政策推动下即将进入规范发展的阶段。

我国互联网文化产业相关重要政策文件见表 2-1。

表 2-1　我国互联网文化产业相关重要政策文件一览

出台时间	文件名称	出台部门	主要内容
2015 年 7 月 4 日	《国务院关于积极推进"互联网＋"行动的指导意见》	国务院	1."互联网＋"创业创新 2."互联网＋"协同制造 3."互联网＋"现代农业 4."互联网＋"电子商务 5."互联网＋"人工智能
2016 年 12 月 19 日	《"十三五"国家战略性新兴产业发展规划》	国务院	1.创新数字文化创意技术和装备 2.丰富数字文化创意内容和形式 3.提升创新设计水平 4.推进相关产业融合发展
2016 年 12 月 27 日	《"十三五"国家信息化规划》	国务院	未来五年我国要打造自主先进的技术体系,强化战略性前沿技术超前布局,推动产业协同创新,努力实现核心技术创新系统性突破,成为全球网信产业重要领导者。到 2020 年,核心技术自主创新实现系统性突破,信息领域核心技术设备自主创新能力全面增强,新一代网络技术体系、云计算技术体系、端计算技术体系和安全技术体系基本建立。集成电路、基础软件、核心元器件等关键薄弱环节实现突破,5G 技术研发和标准制定取得突破性进展并启动商用。云计算、大数据、物联网、移动互联网等核心技术接近国际先进水平。

续　表

出台时间	文件名称	出台部门	主要内容
2017年 2月23日	《文化部"十三五"时期文化发展改革规划》	文化部	任务之一：推动文化产业成为国民经济支柱性产业 1. 推动文化产业结构优化升级 2. 优化区域文化产业发展布局 3. 培育健全各类市场主体 4. 扩大和引导文化消费 5. 鼓励和引导社会资本进入文化产业
2017年 4月11日	《文化部关于推动数字文化产业创新发展的指导意见》	文化部	1. 引导数字文化产业发展方向 2. 着力发展数字文化产业重点领域 3. 建设数字文化产业创新生态体系 4. 加大数字文化产业政策保障力度
2017年 4月26日	《文化部"十三五"时期文化科技创新规划》	文化部	到2020年，文化科技自主创新能力得到较大提升，文化科技支撑实力进一步增强，文化重点领域关键技术攻关取得重要进展，文化行业标准体系相对完备，文化科技基础条件明显改善，有效服务于文化事业和文化产业发展，基本形成以市场为导向，以需求为牵引，以应用为驱动，以文化科技企业为技术创新主体，以协同创新、研发攻关、成果转化、区域统筹、人才培养等为主要构成的文化科技创新体系。

第三章　浙江、杭州互联网文化产业政策分析

第一节　浙江互联网文化产业政策梳理与分析

加快发展文化产业,是推动社会主义文化繁荣兴盛、实现人民对美好生活向往、提升文化软实力的重要途径,是浙江省适应经济发展新时代、推进新旧动能转换、促进经济转型升级的战略选择。实施数字内容产业打造计划,则是浙江省深入学习贯彻习近平总书记系列重要讲话精神,坚持以人民为中心的发展思想,以供给侧结构性改革为主线,着力巩固发展优势、注重提质增效、推进融合创新,加快完善现代文化产业发展体系和现代市场体系,不断增强文化产业整体实力和竞争力的必经之路。

早在 2014 年的政府工作报告中,信息经济产业就被列为浙江大力发展的七大万亿级产业之首。近年来,浙江省深入贯彻中央有关文件精神,高度重视信息技术革命催生的数字内容产业,浙江省委、省政府、省委宣传部、省发展和改革委员会等有关部门,分别从促进大数据发展、文化创意服务业发展、文化产业"十三五"规划、加快促进影视产业发展等发展方向,以发展路径、主要任务、空间布局和支撑体系等多个角度制订了有关互联网文化产业的一系列政策,对进一步推动"互联网＋"和数字文化产业的创新发展创造有利条件。

2014 年 5 月,浙江省政府发布《浙江省人民政府关于加快发展信息经济的指导意见》(以下简称为《意见》),成为全国首个将信息经济作为战略行动提出的省份。《意见》首次提出,经过五年的努力,基本建成特色明显、全国领

先的电子商务、物联网、云计算、大数据、互联网金融创新、智慧物流、数字内容产业七大中心,信息化和工业化深度融合国家示范区建设扎实推进,成为长三角地区乃至全国信息经济发展的先行区。

2016 年 2 月,浙江省政府出台了全国首个省级政府制定的大数据实施计划——《浙江省促进大数据发展实施计划》,重点提出要促进文化服务大数据应用发展,构建文化传播大数据综合服务平台,推进出版、新媒体、影视等文化产业大数据聚合。次月,浙江省政府在其印发的《浙江省国民经济和社会发展第十三个五年规划纲要》中,提出要推进广播影视、新闻出版、文化演艺、动漫游戏、文化产品制造等传统优势产业转型升级,大力发展数字内容、创意设计、文化交易、文化旅游、文化会展等新兴产业,提升文化产业发展质量。

2016 年 9 月,浙江省发展和改革委员会印发了《浙江省文化创意服务业发展"十三五"规划》,重点提出以推动文化创意服务与农业、体育、旅游、消费品工业等相关产业及互联网等领域的深度融合,不断增强文化创意服务业的核心竞争力作为主要任务。同月,浙江省人民政府办公厅相继发布《浙江省文化产业发展"十三五"规划》,提出推动"文化+"新模式和新业态快速发展这一目标,重点强调了广播影视、新闻出版、动漫游戏、文化创意与设计服务、文化休闲娱乐、文化产品及装备制造和文化产品流通等七大重点发展领域,并分别提出新一代信息技术的融合创新、推动数字出版加快发展、打造数字娱乐基地、传统广告业务与新媒体深度融合、健全演出市场网络体系、新一代信息技术与制造装备融合、积极探索"艺术品+互联网+金融"模式等重点发展方向。

2017 年 8 月,浙江省政府办公厅出台了《浙江省人民政府办公厅关于加快促进影视产业繁荣发展若干意见》的专项政策,重点提出要发展新兴业态。大力推进数字内容产业和发展,发展网络影视,并利用互联网、移动终端等载体加大影视产品推广力度。支持网络文学创作改编影视产品,拓展网络文学影视产业链。

2017 年 10 月,浙江省委、省政府联合印发了《关于加快把文化产业打造成为万亿级产业的意见》,进一步将影视演艺产业发展计划、数字内容产业打造计划、文化创意设计产业提升计划和文化新业态促进计划等战略性产业方向作为重点产业计划,并一一阐明需要加快发展网络文学、网络影视、动漫游戏、数字音乐、数字电视、数字教育等数字内容产业,构建数字文化产业集聚发展平台,积极推广应用数字技术、网络技术,实施"文化＋互联网"产业推进工程,拓宽网上交易市场和国内外工艺美术市场等计划实施方向。同时提出,以充分发挥网上文化交易平台作用、推进"互联网＋贸易"发展和支持文化企业依法合规运用互联网平台等举措强化产业发展支撑。

2018 年,浙江省委宣传部会同省发展规划研究院、杭州市委宣传部联合发布了《之江文化产业带建设规划》,首次将发展数字文化产业列为四大主要任务之首,并明确了以建设之江数字文化产业园、推进国家数字出版基地建设、打造数字传媒全国高地、创建国家音乐示范基地等作为其主要内容。同时提出要以影视文化产业、艺术创作产业和动漫游戏产业为三项重点任务,强调了加快实现影视产业链的数字化和网络化,加快设计服务业与数字经济等优势产业的深度融合和进一步增强手机动漫游戏、网络动漫游戏的自主研发和运营推广能力等重点发展方向。在之江文化产业带近期将重点实施 32 个重大文化产业项目,其中,数字文化产业领域重点项目 13 个,影视文化产业领域重点项目 7 个,艺术创作产业领域重点项目 8 个,动漫游戏产业领域重点项目 4 个,项目计划总投资超过 1000 亿元。

据统计,2017 年末,浙江省网民规模达到 3956 万人,同比增长 8.9％,互联网普及率为 70.8％,高出全国平均水平 15％。[①] 发展"文化＋互联网"产业是下一阶段浙江省文化产业发展的重点内容,也为浙江文化产业发展指明了方向、明确了目标。浙江发挥国家级信息经济示范区优势,依托杭州、宁波、横店等三个国家级文化和科技融合示范基地,以及乌镇互联网经济创新发展综合试验区、金华网络文化产业实验区,增强辐射带动作用,加快发展互联网文化产业,推进文化领域大众创业万众创新,培育孵化一批特色鲜明、创新能力强的高科技企业,并在网络媒体、网络视听、网络出版、网络文化和网络娱乐等方面,为大众提供了多层次、立体化和全方位的"互联网＋"文化服务。

浙江省互联网文化产业相关重要政策文件如表 3-1。

---

① 浙江省互联网信息办公室,浙江省通信管理局,浙江省网络文化协会,浙江省互联网协会.浙江省互联网发展报告(2017)[R].2018.

表 3-1　浙江省互联网文化产业相关重要政策文件一览

出台时间	文件名称	出台部门	主要内容
2014年5月	《浙江省人民政府关于加快发展信息经济的指导意见》	浙江省人民政府	浙江成为全国首个将信息经济作为战略行动提出的省份。首次提出，经过五年的努力，基本建成特色明显、全国领先的电子商务、物联网、云计算、大数据、互联网金融创新、智慧物流、数字内容产业七大中心，信息化和工业化深度融合国家示范区建设扎实推进，成为长三角地区乃至全国信息经济发展的先行区。同时，提出加强信息基础设施建设、优先发展信息产业、提升发展电子商务、扩大信息消费、推进信息化和工业化深度融合和优化发展环境等六大任务和26条具体举措。
2016年2月	《浙江省促进大数据发展实施计划》	浙江省人民政府	全国首个省政府出台的大数据实施计划。在围绕民生服务普惠化，推动公共服务大数据应用创新方面，重点提出，要促进文化服务大数据应用发展。加强数字图书馆、博物馆、美术馆和文化馆等公益设施建设，构建文化传播大数据综合服务平台，提升公共文化服务水平。推进出版、新媒体、影视等文化产业大数据聚合，对大规模的人群喜好进行数据挖掘，分析目标受众的品味和需求，引导创造出适销对路的文化产品，有效解决文化产品供需脱节的矛盾，提升原创文化内容质量水平。
2016年3月	《浙江省国民经济和社会发展第十三个五年规划纲要》	浙江省人民政府	提升文化产业发展质量。推进广播影视、新闻出版、文化演艺、动漫游戏、文化产品制造等传统优势产业转型升级，大力发展数字内容、创意设计、文化交易、文化旅游、文化会展等新兴产业，争取文化产业增加值占生产总值比重达到8%以上。
2016年9月	《浙江省文化创意服务业发展"十三五"规划》	浙江省发展和改革委员会	推动"文化创意＋互联网"：加快互联网虚拟集聚平台建设，将分散的文化创意企业进行全方位展示，整合碎片化的用户需求、挖掘用户的潜在需求，实现文化创意供需结合、营销融合、资源整合。鼓励小微文化创意企业利用"创客""众筹""众包"等方式，获取用户信息、对接创业投资、分解生产制造过程、接受专业化服务等。利用大数据分析用户行为，将市场需求引入前期创意过程，加强用户的消费满足感和文化认同感。支持文化创意企业拓展互联网服务新方式，发展根据特定人群需求的推送服务，引导用户文化创意产品消费习惯的改变。加大对创新性互联网文化创意企业的扶持，鼓励一定规模企业平台开放或主营业务端口开放接入。

出台时间	文件名称	出台部门	主要内容
2016 年 9 月	《浙江省文化产业发展"十三五"规划》	浙江省人民政府办公厅	文化产业与信息产业的跨界融合日趋深入。聚力打造"全国文化内容生产先导区":大力倡导文化创新,积极打造文化精品,力争影视剧生产、舞台表演、音乐制作、书报刊出版和数字内容等文化产业保持国内领先水平,不断延伸拓展以内容生产为核心的文化产业链,增强文化产业发展的核心竞争力。 七大重点领域: 1.广播影视。推动广播电视全媒体网络化制播技术与移动互联网、云计算、大数据、社交媒体等新一代信息技术的融合创新。加快提升中心镇数字影院建设和农村电影院线整合,提升城乡影院终端网络覆盖水平。 2.新闻出版。加快传统媒体与新兴媒体的融合发展,大力发展数字出版和绿色出版。 3.动漫游戏。打造全国领先的以动漫游戏为特色的数字娱乐基地。 4.文化创意与设计服务。推动网络众创众包设计发展,以及传统广告业务与新媒体的深度融合。 5.文化休闲娱乐。健全演出市场网络体系,提高演艺市场资源配置能力。 6.文化产品及装备制造业。开展新一代信息技术与制造装备融合的集成创新和工程应用,实现制造业骨干企业的装备智能化、设计数字化、生产自动化、管理现代化、营销服务网络化。 7.文化产品流通。积极探索"艺术品＋互联网＋金融"模式,依托社交媒体等网络平台,发展"微拍""艺术电商"等新型流通组织和流通形式。
2017 年 4 月	《浙江省人民政府关于深化制造业与互联网融合发展的实施意见》	浙江省人民政府	1.全面实施"中国制造 2025"浙江行动和"互联网＋"行动计划,充分发挥我省制造业与互联网双重优势,以激发新常态下制造企业创新活力、发展潜力和转型动力为主线,以互联网、云计算、大数据、物联网和人工智能等新一代信息技术为支撑,打造基于互联网的制造业"双创"平台,推进中小企业互联网融合应用。 2.以打造基于互联网的制造业"双创"平台、推进中小企业互联网融合应用、发展以工业互联网为核心的智能制造、培育基于互联网的制造业新模式等为主要任务。

续　表

出台时间	文件名称	出台部门	主要内容
2017 年 4 月	《浙江省人民政府关于深化制造业与互联网融合发展的实施意见》	浙江省人民政府	3. 健全融合发展人才队伍体系。依托"千人计划""海鸥计划"、领军型创新创业团队引进培育计划、国内高层次人才特殊支持计划等,引进和培养智能制造与互联网等跨界高端人才,营造有利于融合发展优秀人才脱颖而出的良好环境。鼓励建设互联网专业院校,支持高校设置"互联网＋"等相关专业。在职业院校、技工学校、大型企业和产业园区建设一批产学研用结合的专业人才培训基地。在大型企业、高新技术企业推广首席信息官制度。组织制造业与互联网融合发展专题培训和巡讲系列活动。
2017 年 8 月	《浙江省人民政府办公厅关于加快促进影视产业繁荣发展若干意见》	浙江省人民政府办公厅	在主要任务中,重点提出要发展新兴业态。加强影视知识产权综合大开发,大力推进数字内容产业和发展。发展网络影视。鼓励传统影视企业与互联网企业跨界融合,与通讯运营商、信息服务企业合作,利用互联网、移动终端等载体加大影视产品推广力度;通过项目众筹、大数据运用、互联网营销等新手段,实现影视企业创新发展。支持网络文学创作改编影视产品,拓展网络文学影视产业链。
2017 年 10 月	《关于加快把文化产业打造成为万亿级产业的意见》	浙江省委、省政府	实施重点产业计划: 1. 影视演艺产业发展计划。加快影视精品打造,重点抓好电影、电视剧、纪录片、网络剧、微视频等的创作生产,打响一批大型综艺节目新品牌。提升演艺科技水平,打造一批文化演艺特色品牌,推动演艺娱乐业向高技术、多元化、品牌化发展。 2. 数字内容产业打造计划。发挥国家信息经济示范区优势,依托杭州国家数字出版产业基地、乌镇互联网经济创新发展综合试验区、浙江(金华)数字创意产业试验区,以业态创新、产品创新和内容创新为重点,加快发展网络文学、网络影视、动漫游戏、数字音乐、数字电视、数字教育等数字内容产业。依托先进数字技术,建设数字文化资源平台,加快出版发行、影视、影像、演艺娱乐、艺术品、文化会展等行业数字化进程,加强文化资源的数字化采集、保存和应用,提高行业的文化品位和市场价值。注重挖掘优秀文化资源,创作优质、多样、个性化的数字内容产品。建成全省数字出版内容发布投送平台和出版资源数据库。构建数字文化产业集聚发展平台,创建国家级文化产业示范园区,打造全国数字文化产业新高地。

续　表

出台时间	文件名称	出台部门	主要内容
2017 年 10 月	《关于加快把文化产业打造成为万亿级产业的意见》	浙江省委、省政府	3.文化创意设计产业提升计划。落实《中国制造 2025 浙江行动纲要》，大力发展建筑设计、智能设计、时尚设计、品牌设计、新媒体和体验交互设计等产业。推动网络众创众包设计发展，建立线上对接及线下项目孵化机制。巩固传统媒体广告地位，推动互联网广告发展。 4.文化新业态促进计划。积极在文化领域推广应用科技前沿技术，用科技提升文化产业发展。树立"互联网＋"理念，积极推广应用数字技术、网络技术，实施"文化＋互联网"产业推进工程，打造基于互联网的文化产业发展生态。支持浙江在线、新蓝网等主流网络媒体开拓新业务新渠道，支持基于移动互联网，以阅读、信息、社交等服务为主要内容的热门软件应用。推进全省有线电视网络双向化、智能化升级改造，加快建成下一代广播电视网。推动数字广播电视传输技术研发，加强地面无线广播电视与互联网的融合创新，打造移动、交互、便捷的地面无线广播电视新业态。适应智能互动、虚拟现实等发展趋势，加强内容和技术装备协同创新，推进文化信息生产、传输、接收等技术和装备更新换代。推动媒体融合技术创新，支持浙报集团"媒体云"和浙江广电"中国蓝云"建设。做强全省文化产业大数据平台，推动文化产业大数据资源开放共享。 5.工艺美术产业升级计划。加大工艺美术宣传推广，创新营销模式，积极探索电子商务、众筹、个性化定制等营销模式，拓宽网上交易市场和国内外工艺美术市场，扩大浙江工艺美术影响力。 6.文化制造业转型计划。推动文化装备制造向现代教育设备、现代舞台装备、新型影院系统、数字多媒体娱乐设备、游戏游艺设备等领域转型，加快培育一批高端文化设备制造基地。 强化产业发展支撑： 1.引导提升文化消费。适应互联网时代趋势，充分发挥"淘票票""淘文化"等网上文化交易平台作用，推行文化消费卡等举措。 2.全面推出文化走出去。创新文化贸易形式，推进"互联网＋贸易"发展，扶持文化跨境电商发展，拓展线上线下渠道平台。 3.打造文化产业服务和交易平台。支持文化企业依法合规运用互联网平台融资。鼓励浙江文化艺术品交易所、杭州文化产权交易所等依法合规创新交易模式和产品。

续　表

出台时间	文件名称	出台部门	主要内容
2018年6月	《之江文化产业带建设规划》	浙江省委宣传部会同省发展规划研究院、杭州市委宣传部	发展数字文化产业： 1.建设之江数字文化产业园。 2.推进国家数字出版基地建设。 3.打造数字传媒全国高地。 4.创建国家音乐产业示范基地。同时提出，在现有文化要素平台集聚基础上，结合转塘双浦新城、富阳银湖区块新城建设，聚力打造高能级的数字文化产业平台，加快集聚文化产业龙头企业，大力发展数字内容、影视文化、演艺娱乐、艺术创作等文化产业，使之成为之江文化产业带的核心引擎和抢占全球数字文化产业发展制高点的重大平台。

第二节　杭州互联网文化产业政策梳理与分析

十余年来，杭州市委、市政府立足实际，紧盯目标，致力于打造"五大体系"，构筑建设"全国文化创意中心"的保障系统，通过健全组织体系、完善政策体系、创新金融体系、构建人才体系和建立统计体系等多措并举，着力解决"有人办事、有钱办事、有章理事"等问题。就在2018年9月6日召开的"全市打造国际文化创意中心暨加快推进之江文化产业带建设大会"上，会议再次突出了以数字内容产业为核心支撑的文化创意产业对文化名城强市建设、促进经济转型升级和大众创业万众创新的关键作用，正如杭州市委书记周江勇所言：城市因文化更精彩，生活因创意更美好。从2007年逐步发展文化创意产业之初，杭州深知规划政策是产业发展的指挥棒，为了推进全市文创产业发展，先后出台了《杭州市"十二五"文化创意产业发展规划》《关于打造全国文化创意产业中心的若干意见》《关于统筹财税政策扶持文化创意产业发展的意见》《关于加快文化创意产业园区建设的若干意见》等一系列规划及政策文件，构建起了较为完善的"1＋X"政策体系，着力解决"有章理事"的问题，这项工作在全国也走在前列。其中，在财政投入方面，自2008年至2017年的十年间，市本级共投入了23.42亿元，资助扶持了3280多个项目，带动760多亿元社会资本投入文创领域。2013年，杭州在全国率先成立杭州银行文创支行,成立以来该行已向 360 多家文创企业客户发放近 66 亿元贷款。同时还推动成立了浙江省建设银行文创专营支行和杭州联合银行文创金融服务中心,成为全国唯一拥有三家文创金融专营机构的城市。杭州还先后创新推出了系列文创企业集合信贷产品,组建了文创产业无形资产担保贷款风险池、文化产业"银政保"信用贷风险池等金融产品,累计为全市 400 余家文创企业提供了约 40 亿元的金融支持。成立杭州市文创产业投资引导基金,已成功组建二期基金,累计规模放大至 22 亿元。近几年,杭州市根据产业发展的需要,相继出台了一系列针对性强、精准度高的政策文件(详见表 3-2),为产业发展加足马力。

表 3-2　杭州市互联网文化产业相关重要政策文件一览

出台时间	文件名称	出台部门	主要内容
2011 年 11 月	《杭州市人民政府办公厅关于加快杭州市国家数字出版基地建设的通知》	杭州市人民政府办公厅	1. 加大数字出版产业投入力度。 2. 用足用好财税政策和金融信贷政策。 3. 进一步提高数字出版企业自主创新能力。 4. 加强数字出版领域版权保护和网络监督。 5. 加强数字出版产业人才引进培养和使用。
2015 年 1 月	《建设全国数字内容产业中心三年行动计划(2015—2017)》	杭州市文化创意产业指导委员会	围绕建设"全国文化创意中心"的战略定位,坚持基础建设、产业发展、应用服务"三位一体",以数字娱乐、数字传媒和数字出版为主攻方向,大力发展数字内容产业。到 2017 年,推动产业综合实力和贡献度进一步提升,把杭州基本建设成为全国数字内容产业中心。
2015 年 7 月	《关于加快发展信息经济的若干意见》	杭州市委、杭州市人民政府	到 2020 年,力争建成国际电子商务中心,基本建成全国云计算和大数据产业中心、物联网产业中心、互联网金融创新中心、智慧物流中心、数字内容产业中心等 6 大中心,率先成为特色鲜明、全国领先的信息经济强市和智慧经济创新城市。同时,提出加快信息基础设施建设,抢占信息经济和智慧产业发展制高点、提升产业智慧化水平、大力推进智慧应用服务、优化完善产业空间布局、深入实施项目带动、创新发展机制体制和强化保障措施等六大任务和 26 条具体举措。

出台时间	文件名称	出台部门	主要内容
2015 年 11 月	《杭州市人民政府关于推进"互联网＋"行动的实施意见》	杭州市人民政府	1."互联网＋"创业创新重点行动：(1)大力发展众创空间；(2)加快特色小镇建设。 2."互联网＋"文化创意重点行动：(1)发展数字娱乐业；(2)发展数字传媒业；(3)发展数字出版业。 3."互联网＋"教育重点行动：(1)发展互联网教育产业；(2)加快教育网络信息平台建设与应用；(3)加快教育教学资源库建设。 4."互联网＋"旅游重点行动：(1)建设指挥旅游一体化平台；(2)推进游客智慧服务；(3)加快智慧景区示范项目建设。
2015 年 12 月	《关于扩大文化消费的事项举措》	杭州市文化创意产业办公室	运用"互联网＋"思维，促进文创与电商融合，做大做强拍卖会"杭州文创馆""文易网"、中国动漫交易网、留青艺术网、天天易购等交易平台。
2017 年 4 月	《杭州市文化创意产业发展"十三五"规划》	杭州市人民政府办公厅	信息服务业：发展目标。以建设全国数字内容产业中心为依托，重点发展互联网文化创意产业、数字电视业和文化软件服务业，到 2020 年，产业增加值达到 2500 亿元，行业总体实力全国领先。
2017 年 12 月	《关于推进杭州市动漫游戏产业做优做强的实施意见》	杭州市委办公厅	1.新媒体播映补助。对本市企业、机构作为第一出品方的原创动漫作品，在持有国家主管部门颁发的网络文化经营许可证、信息网络传播视听节目许可证等资质的网络新媒体(含手机端)平台上播映或上线，实际分成收入达到 300 万元的，经综合评估，按其收入的 3％给予补助，总额不超过 50 万元。 2.优化公共服务。鼓励我市动漫游戏企业、机构为产业发展建设公共服务平台，对提供技术研发、渲染、云计算、大数据、版权交易、版权保护等服务的公共服务平台，经认定，给予原则上不超过 50 万元的补助。
2018 年 9 月	《关于加快建设国际文化创意中心的实施意见》	杭州市委、杭州市人民政府	以"坚持科技支撑，用前沿科技提升文化创意产业效益"为原则，提出有关互联网文化产业的若干重点任务和具体方向： 1、顺应"文化＋互联网"发展趋势，在不断赋予优秀传统文化和地方特色文化新精神内涵的前提下尝试各种现代表达形式，创作生产弘扬主旋律、歌颂新时代的文化创意产品，不断满足人民群众日益增长的美好生活需要。

出台时间	文件名称	出台部门	主要内容
2018 年 9 月	《关于加快建设国际文化创意中心的实施意见》	杭州市委、杭州市人民政府	2. 加快数字内容、影视、动漫游戏、创意设计、现代演艺等优势行业引领发展，实现文化会展、文化休闲旅游、艺术品、教育培训、信息服务等重点行业跨越式发展，促进数字文化装备、数字舞台演艺、数字艺术展示等新兴行业加快发展。 3. 构建"互联网＋设计＋制造＋服务"的创意设计产业生态系统，提高创意设计产业整体效益和国际影响力，打响"杭州设计"品牌。 4. 积极支持线上艺术品交易平台发展，构建线上线下艺术品交易协同发展机制，办好杭州文化产权交易所，探索搭建文化金融专业化交易平台，着力打造全国一流的艺术品交易平台。 5. 积极构建市民学习圈、建设数字化学习服务平台，大力发展终身教育。 6. 构建信息服务业国际竞争先导区。以互联网文化创意产业、数字电视业、文化软件业为重点，依托阿里巴巴、网易、华数等行业领军企业，充分发挥"软件定义"的赋值、赋能、赋智作用，进一步提升网络新闻服务、网络信息发布、网络音乐服务、网络影视服务、数字电视服务等水平，着力构建国际知名、创新活跃、质量和效益领先、产业和城市融合发展的国际化中国软件名城，为提升全市文化创意产业核心竞争力提供支撑。 7. 实施"文化＋互联网＋科技"产业推进工程，在文化领域推广应用云计算、大数据、物联网、人工智能、虚拟现实等前沿科技，鼓励研发具有自主知识产权、引领新型文化消费的可穿戴设备、智能硬件、沉浸式体验平台等，加快先进舞台设备、新型影院系统等的集成设计和市场推广，推进数字文化装备、数字舞台演艺、数字艺术展示等行业发展。 8. 深化推进数字内容创新。推进"文化＋互联网"融合发展，鼓励对艺术品、文物、非物质文化遗产等文化资源的数字化转化及开发，实现优秀传统文化资源的创造性转化和创新性发展。推动传统媒体与新兴媒体融合创新发展，利用先进技术，加大融媒体产品的制作生产力度，创作一批高水平、有影响的"现象级"原创融媒体产品。发挥全市文化创意产业优势，大力发展网络文化内容，推动网络文学、网络影视剧、网

出台时间	文件名称	出台部门	主要内容
2018 年 9 月	《关于加快建设国际文化创意中心的实施意见》	杭州市委、杭州市人民政府	络音乐、网络戏剧、网络动漫、网络综艺等创新繁荣,促进微电影、微视频、微动漫等"微系列"内容创作生产。加大对优秀数字内容作品的扶持力度,鼓励其参加国内外专业奖项评选,对获得国家级及境外国际知名奖项的作品,经认定后,给予不超过 30 万元的扶持补助。
2018 年 10 月	《杭州市全面推动"三化融合"打造全国数字经济第一城行动计划(2018—2022)》	杭州市委、杭州市人民政府	提出了发挥杭州的主体和核心作用,坚持数据驱动、创新引领、融合带动,坚持不懈抓产业数字化,持续提升创新能力和产业能级;集中攻坚抓产业数字化,全面推动数字技术与全产业各领域的深入融合等总体要求。同时具体提出并阐述了推动服务业数字化升级、培育新模式新业态、促进开放协同发展等 22 条行动计划。

2011 年底,杭州市政府以荣获国家级数字出版基地为契机,率先出台了《杭州市人民政府办公厅关于加快杭州市国家数字出版基地建设的通知》,提出了加大数字出版产业投入力度、进一步提高数字出版企业自主创新能力、加强数字出版领域版权保护和网络监督、加强数字出版产业人才引进培养和使用等系列重要举措。

2015 年 1 月,杭州市文化创意产业指导委员会出台了具有针对性的《建设全国数字内容产业中心三年行动计划(2015—2017)》,围绕建设"全国文化创意中心"的战略定位,提出要坚持基础建设、产业发展、应用服务"三位一体",以数字娱乐、数字传媒和数字出版为主攻方向,大力发展数字内容产业。到 2017 年,推动产业综合实力和贡献度进一步提升,把杭州基本建设成为全国数字内容产业中心。

2015 年 7 月,杭州市委、市政府出台了《关于加快发展信息经济的若干意见》,进一步明确了发展目标:到 2020 年,力争建成国际电子商务中心,基本建成全国云计算和大数据产业中心、物联网产业中心、互联网金融创新中心、智慧物流中心、数字内容产业中心等六大中心,率先成为特色鲜明、全国领先的信息经济强市和智慧经济创新城市。同时,提出加快信息基础设施建设、抢占信息经济和智慧产业发展制高点、提升产业智慧化水平等六大任务和 26 条具体举措。

同年 11 月,《关于推进"互联网＋"行动的实施意见》正式发布,并重点阐述了"互联网＋"创业创新、特色小镇建设、"互联网＋"文化创意、"互联网＋"教育和"互联网＋"旅游等重点行动及具体举措。

2015 年底,为扩大杭州文化消费,按照改造需求,文创办发布《关于扩大文化消费的事项举措》,就运用"互联网＋"思维,促进文创与电商融合,做大做强网络交易平台指明方向。

2017 年 4 月,杭州市人民政府办公厅印发了《杭州市文化创意产业发展"十三五"规划》,尤其在推动信息服务业方面,明确提出要以建设全国数字内容产业中心为依托,重点发展互联网文化创意产业、数字电视业和文化软件服务业。

在充分运用互联网,推动动漫游戏业发展方面,2017 年 12 月,杭州市委办公厅专门出台《关于推进杭州市动漫游戏产业做优做强的实施意见》,重点就新媒体播映补助和优化公共服务等方面给予大力支持,对符合文件要求的本市企业、机构分别给予原则上不超过 50 万元的补助。

2018 年 9 月,为贯彻落实中共浙江省委、浙江省人民政府出台的《关于加快把文化产业打造成为万亿级产业的意见》和《杭州市文化创意产业发展"十三五"规划》等文件精神,进一步提升杭州文化创意产业的综合竞争力,加快推进国际文化创意中心建设,杭州市委、市政府专门出台了《关于加快建设国际文化创意中心的实施意见》,提出"全市文化创意产业增加值以年均 15% 左右的速度递增,到 2022 年,文化创意产业增加值达 5000 亿元以上、总产出达 2 万亿元左右"。同时提出,要加大政策扶持力度,加强产业平台建设,深化推进数字内容创新,着力打造全球数字内容产业中心。推动全市基本形成开放统一、要素集聚、竞争有序的现代文化产业体系和市场体系,基本建成"全国领先、世界前列"的国际文化创意中心。

2018 年 9 月 6 日,杭州召开"打造国际文化创意中心暨加快推进之江文化产业带建设大会",为进一步提升杭州市文化创意产业的综合竞争力,加快推进国际文化创意中心建设和之江文化产业带建设提出了新的发展目标和要求。未来,在杭州文化创意产业增加值到 2022 年达 5000 亿元以上、总产出达 2 万亿元左右的目标下,会议同时提出了构建具有高知名度和引领示范作用的之江文化产业带,培育 6 个产业能级达百亿元的产业集群、争创国家级文化产业园区(基地)15 个、集聚上市文化企业 40 家以上等,带动就业人数 20 万人以上的总目标和做好"12345"文章的具体目标,也就是围绕"一个目标"、聚焦"两个规划"、实施"三名工程"、提升"四个能力"、强化"五大保障"。"1"就是"一个目标":以之江文化产业带建设为重点,全力打造特色鲜明、发展领先的国际文化创意中心;"2"即聚焦"两个规划":《关于加快建设国际文化创意中心的实施意见》《之江文化产业带建设规划》;"3"即实施文创"三名工程":加快集聚一批名家、创作一批名品、培育一批名企;"4"即提升"四个能力",全面构筑文创产业发展战略新优势:提升创新创造力、提升行业引领力、提升发展带动力、提升国际影响力;"5"就是强化"五大保障":强化组织领导、强化政策支持、强化服务供给、强化产权保护和强化氛围营造。2018 年 10 月,杭州打造中国数字经济第一城动员大会在杭州云栖小镇国际会展中心举行,市委、市政府主要领导出席并讲话。浙江省委常委、杭州市委书记周江勇指出,"全力打造全国数字经济第一城,这既是一种时代责任、一种使命担当,也是一种自我挑战、一种雄心壮志。"

互联网文化产业是文化与科技融合的产物,创新催生文化产业的诸多新业态、新模式,"互联网+文化"为杭州文化创意产业的进一步发展注入了新的活力。近年来,"数字内容产业""互联网+""信息经济"等字眼频频出现在杭州市委、市政府及相关职能部门印发的诸多重要文件上,这无一不体现了杭州"创新、协调、绿色、开放、共享"的发展理念,和顺应"互联网+"的发展趋势,以及立足杭州全球创意城市和全国文化创意中心的战略定位。积极培育基于互联网的文化产业新技术、新服务、新模式和新业态,培育一批具有国际竞争力的互联网文化企业,建设以数字化产品、网络化传播、个性化服务为核心的国家级数字创意文化产业集群,打造引领全国、辐射周边的数字创意创新发展战略高地,是杭州建设国家中心城市、建设世界名城的战略选择。

第四章 杭州互联网文化产业发展现状、布局、特点与对标分析

杭州,作为浙江省的政治、经济、文化和科教中心,地处我国经济社会最为发达、最具活力的长三角地区,是重要的风景旅游城市,也是首批国家历史文化名城。凭借自身的资源禀赋、历史文化优势和近年来的全面协调发展,2010年国务院批准实施《长江三角洲地区区域规划》,明确杭州城市功能为"一基地四中心"(高技术产业基地和国际重要的旅游休闲中心、全国文化创意中心、电子商务中心、区域性金融服务中心)。习近平总书记对杭州的发展寄予厚望,提出了"四个杭州""四个世界一流"等重要指示,并十分重视杭州的文化建设事业,赋予了杭州"历史文化名城"的精准定位。此为杭州抢抓信息经济、智慧经济发展机遇,进一步发展文创产业,尤其是加快互联网文化产业发展奠定了坚实的基础。

第一节 杭州互联网文化产业发展现状

一、发展背景

多年来,杭州市紧紧围绕建设全国文化创意中心的目标,立足实际,发挥优势,创新举措,大力发展文化创意产业,取得了显著成效。目前,杭州已成为联合国教科文组织命名的"工艺和民间艺术之都"、首批"国家级文化和科技融合示范基地""国家三网融合试点城市""国家数字出版基地"以及全国唯

一的"两岸文化创意产业合作实验区",在全国率先提出打造"动漫之都"的战略目标。

过去十年间,全市文创产业年均增速高于 GDP 年均增速 8 个百分点。2017 年,全市实现文创产业增加值 3041 亿元,同比增长 19%,高于 GDP 增速 11 个百分点,占 GDP 比重达 24.2%。全市实现文化产业增加值 1580 亿元,同比增长 21.9%,占 GDP 比重 12.6%。荣获"中国文化产业学院奖——2017 中国年度文化影响力城市"。清华大学、中国台湾亚太文创产业协会等机构研究显示,杭州文创实力居全国第一方阵。通过了十余年坚定不移地走文化名城强市建设的发展路子,杭州的文创产业已逐步形成了以数字内容产业为核心支撑,以动漫游戏、影视娱乐、文化演艺、创意设计等行业优势引领,文化休闲旅游、文化会展、艺术品等行业稳步发展的文创产业格局。目前,杭州拥有 11 个国家级文化产业集聚区,成为全国承担文化产业"国家队"建设任务最多的城市之一。

"建设全国文化创意中心"是 2010 年国务院对杭州市城市发展功能定位之一。"十三五"时期,是杭州市全面建成小康社会、建设"生活品质之城"的关键时期,是深化改革开放、加快转变经济发展方式的攻坚时期。在"后峰会、亚运会、现代化"的历史机遇期,杭州将在更高的平台上提升这一定位,以更大的力度推动这一中心的建设。2017 年,杭州市人民政府办公厅印发《杭州市文化创意产业发展"十三五"规划》,明确到 2020 年,杭州要建设成为具有国际影响力的全国文化创意中心,并提出以信息服务业、设计服务业、现代传媒业、动漫游戏业等八大行业为重点,大力发展和培育 3D 打印、移动多媒体、虚拟会展、艺术品微拍等文化科技融合新业态,构建"两廊带动、三圈环构、多组团支撑"的文化创意产业发展格局。据统计,截至 2017 年底,杭州市网民数居浙江省各市之首,达到 795.6 万人,网民普及率达 84.0%,分别高于全省和全国平均水平 13.2% 和 28.2%。2018 年 9 月,杭州市委、市政府在此基础上下发《关于加快建设国际文化创意中心的实施意见》,明确提出全市文化创意产业增加值以年均 15% 左右的速度递增,到 2022 年,文化创意产业增加值达 5000 亿元以上,总产出达 2 万亿元左右(按国家统计口径,文化产业增加值达 2600 亿元左右)。其中,在大力实施行业引领这一重点任务部分,首先提出要提升全球数字内容产业中心。顺应"互联网+""科技+"等融合趋势,加快数字内容、影视、动漫游戏、创意设计、现代演艺等优势行业引领发展，加强对大数据、云计算、人工智能等科技成果的深度应用，促进数字文化装备、数字舞台演艺、数字艺术展示等新兴行业加快发展。

二、产业规模

近年来，文化内容与数字技术紧密结合的新型文化业态构成了互联网文化产业的主体，为文创产业规模和质量的提升开辟了一条创新实践路径。2017 年，与互联网文化产业密切相关的杭州市数字内容产业实现增加值 1870 亿元，增长 28.5％，高于 GDP 增速 20.5 个百分点，高于全市文创产业 9.5 个百分点，占 GDP 比重达到 14.9％。规上数字内容企业实现主营业务收入 4709.70 亿元，实现利润 1248.46 亿元，分别增长 43.9％和 32.9％。2018 年上半年，杭州市数字内容产业实现增加值 936 亿元，同比增长 17.8％，占 GDP 比重 14.7％。

三、行业发展与领军企业

近年来，杭州市数字娱乐（数字动漫、数字游戏、数字影视、互动娱乐等）、数字传媒（数字电视、数字报业、新媒体广告、移动通信媒体业、文化电商等）、数字出版（数字阅读业、数字印刷业、网络文学等）等互联网文化产业行业细分领域发展态势良好，形成了较为完善的产业链条，取得了骄人的成绩。其中，阿里巴巴作为全球最大移动经济实体，是文化电商的代表，同时其旗下的大文娱板块发展迅猛。以网易游戏、边锋网络、华策影视、长城影视、顺网科技、中南卡通、玄机科技等为代表的数字娱乐业全国领先。杭报集团、文广集团、华数集团等深入推进媒体融合发展，着力加大制度创新、管理创新和技术创新。以咪咕数媒、天翼阅读为代表的数字阅读业累计用户达 7.5 亿，自2016 年以来杭州市一直蝉联中国十大数字阅读城市。杭州市每年都涌现出大量优秀的、具有影响力的影视、动漫、游戏、网络文学等作品，各种荣誉奖励是杭州互联网文化产业繁荣发展的见证。近期的如杭州佳平影业制作的电视剧《鸡毛飞上天》荣获第十四届精神文明建设"五个一工程"优秀作品奖。

杭州奇遇影业出品的电影《嘉年华》的导演文晏荣获第 54 届金马奖最佳导演奖，中国美术学院教师刘健导演的动画电影《大世界》荣获第 54 届金马奖最佳动画长片奖。《阿优之兔智来了(二)》被列为原国家新闻出版广电总局推荐的 2017 年第一季度优秀国产动画片。网络动画《玫瑰公寓》入选 2017 年原国家新闻出版广电总局优秀原创网络视听节目推选展播活动优秀作品及展播补助名单。杭州网络作家郭羽、刘波合著的《网络英雄传 I：艾尔斯巨岩之约》入选第四届中国出版政府奖网络出版物奖。

杭州市不仅有享誉全球的互联网企业阿里巴巴跻身 2018《财富》世界 500 强的前 300 位，更有诸多来自影视、动漫、游戏、现代传媒等互联网产业相关领域的领军企业纷纷上市，崭露头角。从"中国电视剧第一股"的华策影视到"中国网吧服务软件第一股"的顺网科技，从"中国数字电视内容原创第一股"的华数传媒到"民营广告第一股"的思美传媒、"工业设计第一股"瑞得设计，再到 2016 年以电魂网络、平治信息等一批"互联网＋"的本土文创企业先后实现上市。截至 2018 年 5 月底，杭州上市公司正式突破 165 家，文创类上市企业累计 31 家，新三板挂牌文创企业累计达 100 家，分别占全市上市企业总量的 18％和 60％。2018 年第十届"全国文化企业 30 强"中，浙江出版联合集团、浙报传媒控股集团、华策影视、宋城演艺 4 家企业入选，思美传媒、大丰实业等企业获提名奖，其中，华策影视成为唯一一家连续五年蝉联此殊荣的民营影视企业，宋城演艺连续九年荣获此奖项。通过连续举办 3 届"文创新势力"评选活动，30 余个项目脱颖而出，入围项目共获得融资约 30 亿元。158 家初创型和成长型数字内容企业入选第二批"登高计划"和"展翅计划"。13 家文创企业入选"浙江省重点文化企业名单(2016—2017 年度)"，17 家文创企业入选"浙江省文化出口重点企业名单(2017—2018 年度)"，15 个文化项目入选"浙江省文化出口重点项目名单(2017—2018 年度)"。这些上榜企业均积极布局互联网文化产业相关领域，充分承担起行业领头羊的职责，坚持创新驱动，进一步推动转型升级，是杭州互联网文化产业的骨干企业，体现出杭州互联网文化产业总体规模实力和综合效益进一步提升，市场竞争力和盈利能力不断增强的良好发展势头。

四、引资引智与平台建设

杭州市委、市政府高度重视文创人才的引入和培育,制定出台《关于加快文化创意产业人才队伍建设的实施意见》和《杭州青年文艺家发现计划》,市财政每年安排 4500 万元专项打造文创人才高地,启动"青年设计师发现计划""杭州影视业国际化青年人才培养计划""创意引擎研习营"等重点项目,截至 2018 年 8 月底,共有 270 余人被送出国培训。连续举办五届的杭州市文化创意人才招聘会,1.3 万余人达成就业意向。2017 戛纳电影节技术大会颁奖活动和全球最大的影视内容产业品牌"戛纳电视节"首次进驻我国,"戛纳电视节"落地杭州。2018 年 6 月,为期两天的第二届法国戛纳电视节中国(杭州)国际影视高峰论坛(MIP CHINA)顺利举行并圆满落幕,来自美国、英国、日本、德国、俄罗斯、印度等 18 个国家和地区的影视企业和代表,参加了此次盛会。39 家国际企业和 52 家国内影视企业进行了近 800 场一对一精准洽谈,每场达成合作意向 150 个,意向金额超 1200 万美元。引进中国音乐家协会副主席、著名作曲家印青先生担任杭州文艺顾问,台湾地区著名导演黄朝亮在杭州开办工作室。德必产业园、甲壳虫动漫、图汇文化传媒、中国艺尚中心等项目先后签约落地杭州。成功引进上市公司 A8 新媒体、中文在线区域总部落户杭州。成功引进首个"中国网络作家村"落户杭州滨江区,中国作协网络文学委员会主任、中国作协网络文学研究院院务委员会主任陈崎嵘被聘为名誉村长,网络作家唐家三少成为首任村长,并和月关、管平潮等 70 余位国内知名网络作家签订了入驻协议。

在平台建设方面。2012 年 6 月,杭州被科技部、中宣部、文化部、广电总局、新闻出版总署等五部门联合授予首批"国家级文化和科技融合示范基地"荣誉称号,之江文化创意园、西湖数字娱乐产业园、乐富智汇园三个园区先后获得"国家数字娱乐产业示范基地""国家大学科技园""国家级科技企业孵化器""国家高新技术创业服务中心""全国优秀高新技术产业园区""浙江省科技企业孵化器"等称号。截至目前,全市认定文化和科技融合示范园区、企业、公共服务平台 66 家。近年来,有序推进中国(浙江)影视产业国际合作实验区杭州总部、杭州创意设计中心等平台建设。其中,白马湖生态创意城成功入选第一批国家级文化产业示范园区创建资格名单。白马湖生态创意城成功举办第十四届中国国际动漫节,实际成交及意向成交金额达 163.21 亿元;连续成功举办十一届杭州文博会,2017 年文博会吸引超过 25 个国家和地区的 2000 余家文创企业和机构参与,达成签约项目 168 项,现场成交金额达 38.6 亿元,同比增加 130%,主会场展会及相关活动参与人数达 25.9 万人次,同比增加 15.2%。此外,杭州还连续两届成功举办 MIP China 杭州国际影视内容高峰论坛,吸引了 16 个国家和地区的 202 家国际一线影视内容制作公司参加,共达成合作意向 178 个。成功举办 2018 中国数字阅读大会,发布《2017 年度中国数字阅读白皮书》,来自全国 31 个省、市、自治区 800 多家单位的 1200 余位行业精英参加大会。成功举办 2017 中国影视艺术创新峰会,集聚了国内外影视界、投资界及媒体界 600 余人参加。

五、国际交流

杭州市连续 9 年组团参加联合国教科文组织全球创意城市网络年会。积极参加 2017 中希文化交流和文化产业合作年活动,在希腊成功举办"中国故事——中国杭州传统工艺创新展",得到中宣部、文化部、中国驻希腊使馆及希腊政府的一致肯定。多年来,积极开展"杭州创新工艺展"巡展活动,先后在西班牙、法国、德国等地的中国文化中心展出。杭州英国文化创意产业交流中心在英国诺丁汉正式成立。组织电魂网络、非奇科技、淘游科技、智玩网络等 16 家杭州游戏企业参加德国科隆国际游戏展;组织中南卡通、天雷动漫等 5 家动漫企业参展法国戛纳电视节;组团参展第 22 届香港影视展,总成交额达 1478 万美元。推进"融——Hand Made In Hangzhou""新杭线"品牌建设,先后近 40 次组团参展米兰国际设计周、伦敦工艺周、海峡两岸文化创意与传统艺术展等境内外知名展会。杭州市互联网文化企业积极迈向国际化,开拓海外文化消费市场,加强交流与合作。如华麦网络搭建了国内唯一的专注服务影视文化动漫企业跨境交易及合作的互联网平台,华策影视累计将 10000 余小时的中国影视作品授权发行至 180 多个国家和地区。

第二节　杭州互联网文化产业发展布局与特点

近年来,为了进一步提升规模实力和产业竞争力,杭州市先后在互联网文化产业相关领域开展了两轮具有针对性的产业布局,努力按照新时代新要求,不断优化产业发展格局。

一、2015 年第一轮布局

2015 年初,杭州就提出以"突出重点、整合资源、集聚发展"为原则,以高新区(滨江)和西湖区为重点,加快建设"6＋X"园区(基地)。其中,高新区重点发展数字游戏、数字动漫、数字电视等行业,西湖区重点发展数字影视、数字阅读、新媒体广告等行业。同时,积极引导各区、县(市)因地制宜地培育一批各具特色的数字内容产业园区。6 个重点园区(基地)的建设安排为:

高新区动漫游戏产业集聚区。依托高新区国家动画产业基地建设,加大游戏产业特色楼宇培育力度和招商力度,做深做足服务企业文章,有效推进"以企引企",加快游戏平台、游戏企业、游戏产业运营团队和人才集聚。探索设立高新区(滨江)游戏产业发展基金和游戏版权拍卖交易平台,开拓游戏业投融资服务平台。充分发挥高新区高新技术产业优势,积极促进动漫游戏与互联网、信息软件、移动终端(手机、平板电脑等)融合发展。探索建设"动漫云"平台,加快建成动漫博物馆,设计"动漫主题游"体验路线,组建线上线下"天堂动漫游"体验项目,打造集动漫产业研发生产、体验游玩、展览教育于一体的动漫文化综合体。到 2017 年,培育 2—3 个动漫游戏知名品牌,集聚企业500 家,实现产值 100 亿元。

华数白马湖数字电视产业园。充分依托华数集团的行业优势,以技术的应用开发为基础,以产业集聚与拓展为途径,加快建设具有全国一流"运行环境、技术开发环境、政策环境、建筑环境、人文环境"的文化科技型园区,努力打造新媒体播控中心、数字电视播控中心、节目内容分发和运营中心、信息数据中心、数字节目内容媒体资源库、数字节目内容制作中心、国家数字电视开放实验室、下一代广播电视网融合业务创新实验室等八大"数字化"运行中心,带动和吸引产业链前端企业汇聚园区,加快建设成为全国数字电视产业发展孵化基地。

杭州数字娱乐产业园。加强与浙江大学、浙江工业大学、中国美术学院等高等院校的产学研合作,进一步抓好可视媒体智能处理技术研究重点实验室、网络游戏云平台等重点项目建设,强化国家级科技企业孵化器、省级重点实验室的平台支撑功能。发挥科技金融"风险池"的金融服务作用,提升科技项目扶持、知识产权保护等科技服务功能,促进科技与文创相融合。积极引进一批有实力的数字娱乐企业,借助企业资源加大对外合作交流,优化数字娱乐产业链。立足现有产业基础,充分发挥区域优势,提升发展手机动漫、漫画出版、影视传媒、数字新媒体等产业,进一步拓展"一园多点"的园区发展格局,打造产业集群。

中国移动手机阅读基地(园区)。持续推动手机阅读业务发展,以手机报"4+X"发展模式为突破口,助力一省一报、一省一端。推出面向互联网的"彩信嵌入 WAP、短信+WAP、WAP、客户端"四位一体的手机报产品形态,完成手机报计费规则升级改造,加大推广力度,促进业务提升。积极整合原创图书、出版内容、新媒体、移动学习等四大领域,创新面向 4G 的富媒体产品,进一步丰富图书形态,优化用户体验。探索在线教育领域,聚焦重点市场,打造一体化移动学习平台。

中国影视产业国际合作实验区(总部)。加大投入,加快进度,积极借鉴好莱坞等国际先进地区的运行经验,构建"创意创作、文化外贸、交易传播、配套服务、创新研究、人才培养"六大平台体系,打造国际优质影视产业资源集聚和创作生产的重要平台,建设国际文化贸易出口的重要基地,形成中华文化"走出去"的重要窗口。

国家广告产业园。以互联网广告、数字化新媒体广告产业为先导,以西湖区和拱墅区为重点,坚持规划引导,完善配套服务,积极培育引进一批国内外知名的广告领军企业,建设特色鲜明、优势明显的广告产业集群,打造"长三角"广告产业创意创新中心。

其他相关部门及区、县(市)结合市级文创产业园区(楼宇)建设,依托各地资源禀赋条件,因地制宜培育一批数字内容产业园区(基地)。

——以杭报集团、杭州文广集团及在杭省级新闻单位等为依托，加快浙江传媒创意产业园、数字出版基地上城园区等项目建设。

——以运河国家广告产业园、乐富智汇园、运河天地文化创意产业园等为依托，培育发展城北运河数字传媒产业带。

——以云栖小镇等智慧产业项目建设为依托，充分发挥中国美术学院国家大学科技（创意）园的优势，大力推进数字虚拟技术的研发与应用，打造之江数字文化产业集聚区。

——以中国电信天翼手机阅读基地、杭州新传媒产业大厦为依托，整合1737三里亭设计聚落、东方电子商务园等园区优势资源，打造城东新媒体产业集聚区。

——以未来科技城、青山湖科技城、下沙大学科技园等为依托，培育发展若干以文化和科技融合为特色的环高新、环高校数字内容产业园区（基地）。

二、2018 年第二轮布局

2018 年，杭州市在第一轮发展布局的基础上，依据《浙江省文化产业发展"十三五"规划》，中共浙江省委、浙江省人民政府《关于加快把文化产业打造成为万亿级产业的意见》，《浙江省培育发展战略性新兴产业行动计划（2017—2020）》和《杭州市文化创意产业发展"十三五"规划》等文件精神，会同浙江省委宣传部、省发展规划研究院等有关部门联合编制出台了《之江文化产业带建设规划》（以下简称为《规划》）。《规划》在进一步明确了时代发展变化赋予文化产业新使命、信息技术革命催生文化产业新变革、产业跨界融合拓展文化产业新空间、"一带一路"倡议推动文化产业大开放和区域经济激烈促使文化产业大集聚等当下发展环境的前提下，提出了规模化、集群化、高端化、融合化、国际化的发展路径和着力打造集数字文化产业基地、影视产业基地、艺术创作产业基地、动漫游戏产业基地等产业功能于一体的功能定位。

《规划》在主要任务部分，首先提出了"发展数字文化产业"，要深入实施"互联网＋"战略，实现大数据、云计算、人工智能等数字技术在文化产业领域的深度应用，为杭州建设全国数字内容产业中心提供强力支撑。重点发展方向和布局主要分为四个部分：

1. 建设之江数字文化产业园

以杭州市西湖区转塘、双浦区块为核心，推进之江数字文化产业园建设，大力发展依托互联网、大数据、云计算、物联网等技术的文化产业新业态，推动影视、演艺娱乐、文化会展、艺术品等文化行业的数字化转型。适应沉浸体验、智能交互、软硬件结合等发展趋势，推动数字文化装备行业发展，加强标准、内容和技术装备的协同创新，开拓混合现实娱乐、智能家庭娱乐等消费新领域，推动智能制造、智能语音、三维(3D)打印、无人机、机器人等技术和装备在数字文化产业领域的应用。规范发展网络表演、连锁网咖等新业态，加强文化资源的数字化采集、保存和应用。

2. 推进国家数字出版基地建设

强化八大功能区的资源整合，加快构建数字出版内容提供体系、生产加工体系、传播体系、市场体系和公共服务体系，建设全省数字出版内容发布投送平台和出版资源数据库。做大做强数字阅读、网络文学、数字教育、数字印刷及衍生产品开发生产等相关行业发展，建成年产值超百亿元的国家级数字出版基地和全国数字阅读中心。

3. 打造数字传媒全国高地

促进传统媒体与新兴媒体融合发展，积极鼓励浙江日报报业集团、浙江广电集团、浙江出版集团、杭州文广集团、华数集团等抢抓广播电视、通讯及宽带网络三网融合的发展机遇，大力发展以互动电视、互联网电视、移动媒体等为主要媒介的新媒体业务，打造若干综合实力全国领先的新型传媒集团。加大"互联网＋传统媒体"的产业培育，鼓励发展手机报纸、手机电视、手机书刊等适用于网络、移动便携终端的数字文化产品。

4. 创建国家音乐产业示范基地

以建设中国数字音乐云平台、中国数字音乐出版平台、版权保护中心、国家数字音乐产业人才培育基地、国际音乐科技博览活动和音乐科技创新中心为抓手，打通音乐创作、音乐制作、出版发行、进出口、版权交易、演出交流、教育培训、播放设施、乐器制造和音乐衍生产品开发等环节，构建以"音乐＋科技＋金融"为特色的现代音乐产业链，重点建设浙江国家音乐产业基地萧山园区。

同时,《规划》提出了总体构建"一带一核五极多组团"的之江文化产业带空间开发格局。

1. 一带

之江文化产业带。以钱塘江(杭州段)为依托,其中杭州市富阳区富阳大桥到杭州经济技术开发区的江段为核心轴线,按照串珠式布局模式,串联起区域内的产业基地(组团)、文化企业、文化金融机构、文化服务发展平台、文化教育艺术单位及各类文化设施,打造集文化长廊、生态长廊、旅游长廊等为一体的之江文化产业带,构建拥江发展格局。

2. 一核

之江发展核。包括之江转塘及紧邻的富阳银湖区块。《规划》提出,要充分发挥该板块集聚之江文化中心、中国美术学院、浙江音乐学院以及艺创小镇、云栖小镇、龙坞茶镇的创新要素优势,以杭州绕城公路南线、杭新景高速公路、地铁6号线、杭富轻轨线等快速交通无缝对接杭州主城区的交通区位优势,以及临近灵山风景区和龙坞风景区、背山临江的生态环境优势,打造之江文化产业带承载创新功能的核心发展区块。在现有文化要素平台聚集基础上,结合转塘双浦新城、富阳银湖区块新城建设,聚力打造高能级的数字文化产业平台,加快集聚文化产业龙头企业,大力发展数字内容、影视文化、演艺娱乐、艺术创作等文化产业,使之成为之江文化产业带的核心引擎和抢占全球数字文化产业发展制高点的重大平台。

其中,要重点谋划建设之江数字文化产业园。着眼于打造全省大湾区高能级平台,充分挖掘沿江可开发用地资源,突出全球型、创新型、引领型的发展导向,力争建成三大数字文化产业组团中心(如表4-1所示):一是建设全球"互联网＋"数字文化产业中心,大力实施"互联网＋"战略,依托云栖小镇、西湖高等研究院,集聚新一代信息技术龙头企业,共建国际互联网数字文化研发中心,运用互联网、大数据、云计算、物联网等技术,推动文化产业和文化消费结构转型升级;二是建设全球影视产业集聚中心,依托浙江影视龙头企业集聚优势,筹划建设电影学院,加快影视人才培育与影视产品制作,引领影视产业人才、内容等高端要素汇聚;三是建设全球演艺娱乐中心,依托《宋城千古情》和网易游戏等文化旅游载体和文化演艺品牌,打造全球演艺娱乐中心和电子竞技中心,加快演艺娱乐产业线上线下融合发展。

表 4-1 之江数字文化产业园三大中心开发构想

全球"互联网＋"数字文化产业中心	以阿里巴巴集团为龙头,依托云栖小镇、西湖高等研究院等,运用互联网、大数据、云计算、物联网、人工智能等技术,打造全省数字文化产业公共技术服务平台,建设创意产品打样数据库、知识产权专利数据库、文化产品体验评测数据库、3D 电影渲染数据库等;强化"文化＋科技"领域创新探索,积极拓展文化产品个性化定制、文化产品融合推广新零售、人工智能教育等新兴业态。
全球影视产业集聚中心	以华策影视为龙头,联合浙商名企,谋划建设之江国际影视产业集聚区,重点建设国际影视企业总部集群、高科技影视制作平台、电影学院、艺术家创意社区等功能平台,并联动富阳东洲区块,打造影视制作、影视教育培训和影视企业总部集聚区。
全球演艺娱乐中心	依托宋城景区以及《宋城千古情》《吴越千古情》等文化演艺品牌,应用虚拟现实等技术,加快演艺娱乐产业线上线下融合发展。抢抓电子竞技成为亚运会比赛项目的机遇,谋划筹建电子竞技产业园区,积极拓展集网络游戏开发、测试、体验、电子竞技赛事直播于一体的线上演艺娱乐竞技活动,配套发展与泛娱乐类相关的信息技术外包、业务流程外包等服务外包产业。

3. 五极

即滨江(白马湖)、奥体(湘湖)、上城、九乔和富春五大发展极。五大发展极是之江文化产业带沿江扩展的重要支撑点和发展增长极,立足现有基础,结合发展趋势,突出发展重点,加快构建区域协同、开放竞合的空间发展格局。

滨江(白马湖)发展极。充分发挥高新技术和文化产业优势,支持白马湖生态创意城创建国家级文化产业示范园区,突出"文化＋科技"特征,实施大项目带动,重点发展互联网文化、动漫游戏、数字电视、文化会展等产业,着力打造国内领先的文化和科技融合发展示范区。

奥体(湘湖)发展极。以杭州国际博览中心、杭州奥林匹克体育中心等场馆设施和湘湖区域独特的自然人文景观及文化资源为依托,以国际化为引领,充分放大 G20 杭州峰会、杭州亚运会等国际重大知名会议赛事活动的综合效应,谋划建设国家数字音乐产业基地,重点发展数字音乐、文化体育、演艺会展等产业,着力构建空间集聚度高、专业特色鲜明、联动效应突出、国际风范十足的大型都市综合体。

上城发展极。以南宋皇城小镇和望江新城为依托,紧扣南宋皇家文化主题特色,推动文商旅深度融合,带动高新技术、影视产业、演艺娱乐、艺创设计、文化休闲旅游、艺术品等产业结构优化,打造兼有皇家古韵和市井风情的南宋文化体验中心和旅游国际化先行区。

九乔发展极。以钱江新城二期建设为契机,充分发挥区域便利的交通优势和数字经济优势,联动下沙杭州经济技术开发区,借力钱塘江金融港湾建设,以数字出版产业为核心产业,走"产业联盟＋产业基地＋产业基金＋产业人才"发展模式,带动内容创作、服务、技术、运营、体验等周边业态集聚,打造以"文化＋科技""文化＋金融"为特色、具有全国影响力的数字出版产业集聚区。

富春发展极。以杭州市富阳区东洲新城和江南新城为依托,利用山林江湖岛等特色资源,把握拥江发展、高铁经济和城际轨道交通发展机遇,主打"富春山居"文化品牌,突出黄公望隐逸文化和中国山水画艺术圣地两大主题,重点发展演艺娱乐、影视创作、文化旅游和文化金融等产业,促进文化创意、科技创新、运动休闲、高端商务、生态人居等功能有机融合和叠加,着力建设成为国内知名的特色文化休闲旅游目的地和与世界名城相适应的人文发展新地标。

近年来,虽然杭州互联网文化产业在全市上下围绕建设全国文化创意中心和全国数字内容产业中心的目标,按照市委、市政府关于"一号工程"的决策部署,强化统筹协调、优化保障举措,推进各项任务,有效推动了全市互联网文化产业实现持续较快发展,但与建设全国数字内容产业中心的目标要求相比,还存在着发展格局有待优化、融合发展有待深入、供给侧改革亟待推进等问题,这就要求杭州市进一步对标先进地区和城市找差距,加快追赶、优化提升。

第三节　杭州互联网文化产业发展与北、上、南、深等城市的对标分析

以下选择北京、上海、南京、深圳这四个城市为分析对象,总结分析这四个城市在发展互联网文化产业方面的独特经验。选择这四个城市出于如下考量:北京与上海市的文化产业发展水平在全国处于领军地位,尽管两地一

个是全国行政中心，一个是全国金融中心，但两者充分转化各自资源优势为产业动能的成功经验具有较高的参考价值；南京与杭州毗邻，同样地处长三角地区经济中心、同样是江南鱼米之乡的省会城市，有着悠久的历史和宜居环境，具有一定的相似性；而深圳的互联网科技发展水平较高，并且拥有腾讯这一互联网领军企业，这与拥有阿里巴巴的杭州情况类似，深圳培育和利用互联网企业资源的经验对杭州有一定的借鉴意义。

一、北京经验：打造数字创意主阵地，建设完善产业引领区

作为我国首都，北京是全国政治、文化及国际交流中心，也是世界著名的文化古都和国际化大都市。拥有 3000 多年建城史和 850 多年建都史的北京，是享誉世界的历史文化名城，文渊深、文脉广、文运盛。正是这般中华民族优秀文化和现代文明相交融的展示窗口，聚集了我国文化人才、文化设施、文化企业总部和文化产业资本，具有发展文化产业和文化事业的扎实基础和天然条件。近几年来，北京出台并实施了一系列加快发展文化创意产业的政策措施，进一步巩固其文化创意产业、文化消费、城市文创竞争力和知识城市竞争力在全国省市中所处的领先地位。据中国人民大学发布的《中国省市文化产业发展指数（2017）》和《中国文化消费发展指数（2017）》，北京市的两项综合指数均在全国省市中排第一名。据中国社会科学院发布的《中国城市竞争力报告（2016）》，北京市知识城市竞争力排名第一。据清华大学国家文化产业研究中心和中国台湾亚太文化创意产业协会发布的《两岸城市文化创意产业竞争力报告（2015）》，北京市文化创意产业综合竞争力高居两岸 36 个城市之首。

为聚焦全国文化中心建设，北京全面布局"一核一城三带两区"，即以培育和弘扬社会主义核心价值观为引领，以历史文化名城保护为根基，以大运河文化带、长城文化带、西山永定河文化带为抓手，推动公共文化服务体系示范区和文化创意产业引领区建设。根据统计数据显示，2017 年北京文化创意产业实现增加值 3908.8 亿元，按现价计算，比 2016 年增长 9.2％，对地区生

产总值的贡献率为14%。[①] 目前,文化创意产业已发展成为北京市仅次于金融业的第二大支柱产业。[②] 从行业内部结构的变化来看,旅游休闲娱乐、设计服务、软件网络及计算机服务三个领域增长较快,增速均达到12%以上。知识、文化与分享经济的理念相结合,借助"互联网+"的模式,知识付费、网络直播成为继网络游戏、网络小说之后新的热点。在传统文化方面,文物借助"互联网+"也"活"起来,如故宫博物院开发的"掌上故宫""每日故宫"等受到人们的欢迎。总的来看,随着信息技术的迅猛发展,互联网加速与经济社会各领域的深度融合,新产业、新业态、新商业模式已逐步成为经济转型升级的重要助推力。2006—2017年,软件和信息技术服务业,呈现稳步增长趋势,尤其是2017年,规模以上软件和信息技术服务企业收入合计达7015.8亿元,同比增长16.7%,占北京市文化产业九大领域规模以上文化创意产业法人单位总收入的43.3%。[③]

2018年6月,北京市委、市政府印发的《关于推进文化创意产业创新发展的意见》中,进一步明确了建成市场竞争力强、创新驱动力足、文化辐射力广的文化创意产业引领区的目标,继而提出了创新发展的主攻方向,即"全面推动文化科技融合,打造数字创意主阵地"。毋庸置疑,北京市在发展互联网文化产业上具有得天独厚的优势,其众多的高等院校、科研院所和企业总部等提供了宝贵的科技资源,有力地支持了北京市"文化+科技"的融合发展。在技术储备方面,北京在多媒体信息检索、媒体传输、游戏引擎等关键技术领域取得多项突破,覆盖数字内容、制作、运营、传输、应用等关键环节,在企业集聚方面,覆盖移动网、广电网、互联网的大学媒体云集北京,全国近一半的游戏开发企业,接近20%的网络媒体运营商聚集北京,新浪、搜狐、百度、慧聪等一批大型互联网企业云集北京。在人才储备方面,北京拥有普通高等院校89所,中央和地方各类科研院所400余所,科技类企业40万家,经认定的国家高

① 新经济蓬勃发展 拓展新领域新空间[EB/OL].北京市统计局,2018-2-7:http://tjj.beijing.gov.cn/tjsj/sjjd/201802/t20180207_392373.html.

② 梅松,廖旻,周峥.北京文化创意产业十年发展分析报告.北京文化发展报告(2015—2016) [R].李建盛,主编.北京:社会科学文献出版社,2016:167.

③ 2017年1—12月规模以上文化创意产业情况[EB/OL].北京市人民政府,2018-1-31:http://www.beijing.gov.cn/zfxxgk/110037/jdsj53/2018-01/31/content_cd8dd5909792451e8b279bee3d364bba.shtml.

新技术企业是 12400 家,居全国首位。① 全市共有 58 所高等学校和 88 个科研机构培养研究生,在学研究生达到 31.2 万人。计算机、美术、音乐、编辑等方面的专业人才经过多年的积累已有一定的规模,是动漫游戏人才强大的后备力量。在文化资源方面,拥有众多的历史名胜古迹和非物质文化遗产,截至 2017 年末,共有博物馆 179 个,公共图书馆 25 个,群众艺术馆、文化馆 21 个,互联网出版服务单位 350 家,以及 25 条院线的 209 家影院,构建了覆盖全社会的较为完善的公共服务体系。② 2017 中国"互联网＋"数字经济城市 20 强显示,北京排名第一,深圳、上海、广州分别居第二、三、四位。③

多年来,北京市各区依托文化创意产业和科技创新产业发展基础,形成了较为明显的文化科技融合产业发展格局。《北京市文化创意产业功能区建设发展规划(2014—2020)》明确提出"一带:文化科技融合带"的发展格局,不仅作为双轮驱动的主战场和文化科技融合创新的主战场,同时还担负科技支持文化创意产业发展的示范引领作用。例如,文化与科技高度融合的动漫游戏产业已经成为北京市的重要增长点。近年来,北京动漫游戏产业集聚程度日益加深,已经形成了 6 个动漫游戏产业集聚区——中关村创意产业先导基地、德胜园工业设计创意产业基地、北京数字娱乐示范基地、国家新媒体产业基地、朝阳大山子艺术中心和东城区文化产业园。2013 年文化部公布了首批"国家动漫品牌建设和保护计划"名单,北京市有 13 部动漫项目入选,数量在全国位居第一。④ 2017 年动漫游戏产业总产值达 627 亿元,同比增长约 20%。部分实力雄厚的动漫企业积极收购海外的研发和发行公司,布局全球动漫游戏市场。以智明星通、昆仑游戏、完美世界、猎豹移动为典型的原创研发企业,2017 年网络游戏出口金额约为 116.09 亿元人民币,与前一年的 60.2 亿元相比增长了约 93%,原创移动游戏成为北京游戏出口中的新锐力量。⑤

---

① 国务院政策例行吹风会,隋振江副市长就全国科技创新中心建设答记者问[EB/OL].搜狐网,2016-9-3:http://www.sohu.com/a/113499355_160309.

② 北京市 2017 年国民经济和社会发展统计公报[EB/OL].北京市统计局,2018-2-27:http://tjj.beijing.gov.cn/tjsj/tjgb/ndgb/201803/P020180302397365111421.pdf.

③ 江光华,沈晓平.中国创意产业发展报告(2017)[R].张京成,主编.北京:中国经济出版社,2017:27.

④ 未有为,杨晓东,黄斌,等.文化产业发展新常态[M].北京:中国发展出版社,2015:160.

⑤ 2017 年北京动漫游戏产业产值达 627 亿元 再创历史新高[EB/OL].人民网,2018-1-9:http://bj.people.com.cn/n2/2018/0109/c82839-31120894.html.

此外，"互联网＋"的融合趋势给北京市带来了新的产业发展机遇，尤其表现在创业创新领域。"互联网＋"与"大众创业、万众创新"相结合催生了一大批具有活力的新型企业。以文化和科技融合为特征的海淀区，充分发挥科技创新优势，大力推进先进技术研发与应用，打造了一批以"互联网＋"和"文化＋"为特色的文化创意产业园区，集聚了百度、新浪、小米等全球知名的文化科技企业，培育了一大批具有重大影响力的创新型企业，成为全球最具吸引力的创新创业中心之一。① 近年来，陆续涌现出移动互联网社交媒体、网络电视、数字旅游、游戏动漫、创意设计、数字出版等文化与科技融合发展的新型业态，培育出在文化创意产业细分领域中具有领先地位的龙头企业，自发形成北京市多媒体产业协会、北京数字创意产业协会、中关村手机动漫产业联盟、中关村数字电视产业增值业务联盟、中关村虚拟现实产业联盟等众多文化科技产业联盟。从产业链角度来看，大多数文化与科技融合产业的上游主要包括内容原创与开发、创意策划等；中游包括版权开发、内容运营以及网络设备制造等；下游主要包括应用服务、终端设备制造等。②

例如，2014 年 6 月，北京中关村创业大街正式开街；2015 年 3 月和 5 月，北京市分两批次在全国率先认定市级"众创空间"，共 25 家；5 月，"众创空间联盟"在北京成立，入盟企业 54 家，共同致力于为创新、创业提供优质服务以及降低创业成本。这些众创空间大多与互联网、信息、传媒等文化科技类相关。③ 2014 年海淀区中关村新创办科技型企业就突破 1 万家，朝阳区 2014 年新增文化创意企业 7996 家。在创新方面，海淀区和朝阳区的专利申请和授权量实现了年均 10％以上的增长。④《2017 年北京海淀国家双创示范基地发展报告》显示，2017 年海淀新增国家级高新技术企业 1400 余家，总数达到 8992 家，新设立科技型企业 2.1 万家。海淀区独角兽企业 33 家，占全国的 1/5，总

---

①　北京市文化科技融合企业认定标准研究. 北京文化发展报告（2017—2018）[R]. 李建盛，主编. 北京：社会科学文献出版社，2018：181.

②　北京市文化科技融合企业认定标准研究. 北京文化发展报告（2017—2018）[R]. 李建盛，主编. 北京：社会科学文献出版社，2018：183.

③　王林生."互联网＋"推动首都文化科技融合创新发展. 北京文化发展报告（2015—2016）[R]. 李建盛，主编. 北京：社会科学文献出版社，2016：67.

④　吴锡俊，周末. 北京市文化创意产业创新创业调查报告. 北京文化发展报告（2015—2016）[R]. 李建盛，主编. 北京：社会科学文献出版社，2016：184.

估值 2006 亿美元,占全国的 31.9%。

由此可见,北京的"科技＋文化"的融合发展成果突出表现在形成了比较完善的产业集聚区,这是值得杭州市借鉴的北京经验。自 2006 年起,北京全市共认定市级文化创意产业集聚区 30 个,涵盖了 16 个区县和文化创意产业九大领域。各集聚区辐射带动效益较为明显,有力地推动了城市的创新转型。其中,CBD 国际传媒产业集聚区、798 艺术园区等品牌的国内外影响力不断扩大。[①] 2014 年,北京市颁布《北京市文化创意产业功能区建设发展规划(2014—2020)》,梳理了各区县文化创意产业发展基础和资源条件,提出建设 20 个文化创意产业功能区的目标。功能区规划面积共计 441.56 平方公里,形成"一核、一带、两轴、多中心"的空间发展格局。北京市的经验表明:一个城市要在某一产业领域内具有竞争力,打造完善的城市产业聚集区是一个必要的举措。北京市通过产业聚集区整合优势资源,培育了一大批产业领军企业,也孕育了众多新型中小企业,形成了可持续的发展模式。

二、上海经验:突出创新思维,以内容促发展

上海是我国国家级中心城市,是四个直辖市之一,也是我国经济、金融、贸易和航运中心。近代以来,上海已经逐步发展成为家喻户晓的国际化大都市。2010 年,上海成功举办第 41 届世界博览会,全面展现了融合多元文化、经济繁荣、科技创新、社区重塑、城乡互动等的城市面貌。今日的上海,不仅是中国重要的科技、贸易、金融和信息中心之一,更是一个世界文化荟萃之地。上海具有深厚的近代城市文化底蕴和众多历史古迹,江南的吴越传统文化与各地移民带入的多样文化相融合,形成了特有的海派文化。改革开放以来,上海的文化事业和文化产业都取得了长足的发展,尤其是在进入 21 世纪后,上海凭借历史禀赋、独特资源和区位优势,围绕"四个中心"和"四个率先",聚焦上海国际文化大都市建设,以创新驱动、转型发展为导向,以智慧城市为目标,持续推进重大文化设施建设、文化创意产业优质发展、文化市场平稳有序增长和对外文化交流,凸显卓越城市的形象和功能。尤其在文化和科

---

① 梅松,廖旻,周峥.北京文化创意产业十年发展分析报告.北京文化发展报告(2015—2016)[R].李建盛,主编.北京:社会科学文献出版社,2016:169.

技融合方面,上海坚持以应用为平台,以企业为主体,积极实施科技与文化融合发展战略,加强顶层设计,2012年就曾制定《上海推进文化和科技融合发展三年行动计划》,努力构建结构合理、门类齐全、布局优化、科技含量高、具有上海特色的文化科技创新体系和支持体系,科技促进文化,文化反哺科技,科技和文化创意成果彰显,新兴业态涌现,发展环境改善。有效保障了人民群众的文化权益,丰富城市文化生活。

随着网络文化在人们日常消费中占比日益增大,企业的发展受到的挑战日益加剧。2017年12月,上海市委、上海市人民政府印发《关于加快本市文化创意产业创新发展的若干意见》(沪文创"50条",以下简称为《意见》),致力于将上海建成具有国际影响力的文化创意中心。《意见》明确指出:把网络文化产业作为驱动上海文化创意产业创新发展的新动能,培育新供给、促进新消费,带动传统产业转型升级,夯实国内领先地位。同时《意见》进一步提出了"实施网络文化提升计划"和"培育网络文化龙头企业"。一是要提升中国(上海)网络视听产业基地的服务能级和集聚效应,办好中国网络视听产业论坛。依托复旦大学、同济大学、上海大学等大学的科技园,引导领军企业联合中小企业和科研单位布局创新链,加强关键技术研发、产业融合探索、商业模式创新。支持优秀健康原创网络剧、网络电影、网络音乐、网络演出、网络表演等在沪制作发行。二是着力扶持一批网络文学、网络视听等优势领域领军企业,解决重点企业发展中遇到的难点和突出问题。鼓励全国知名网络文化企业落户,设立研发中心、实验室、技术研究院等机构。建设2至3家具有强大实力和传播力、公信力、影响力的新型主流媒体集团。

上海市有关互联网文化产业的系列政策无疑助力网络文化产业在瞬息万变的互联网浪潮中,保持优势,紧跟变化,找准"锚点"。以网络视听领域为例,经过近10年的发展,网络视听领域资源集约化、内容融合化、接收多屏化的格局已基本形成。过去五年,中国网络视频用户规模从3.49亿增加到5.65亿,增长了近62%;手机视频用户规模从1.3亿增加到5.25亿,增长了3倍;网络视频付费用户从几十万人增加到近亿人,增长上百倍,而上海则是主要的集聚地之一。2010年2月,为形成规模示范效应,中国(上海)网络视听产业基地正式成立,这是全国首家,也是目前唯一一家国家级网络视听产业基地。多年来,基地先后引入东方明珠、阿里巴巴大优酷事业群、喜马拉雅、TCL-IMAX、英特尔数据中心事业部、冠勇科技等一批重点企业。截至 2017 年第三季度,已引入企业超过 500 家,70% 以上的落户企业为从事网络视频、影视动漫、网络游戏、技术研发、信息服务等新兴文化企业,入驻企业产值超过 50 亿元。截至 2017 年 11 月,上海《信息网络传播视听节目许可证》持证机构共有 32 家,其中不仅有土豆、聚力等战略转型、明确定位的老牌视听网站,还有哔哩哔哩、喜马拉雅、蜻蜓等逐步涌现的垂直类龙头企业。与此同时,克顿传媒、慈文影视等大型影视制作公司也在积极投身网络原创视听内容的创制,与网络视听企业紧密合作、多元互动,形成了一个以"内容创作＋传播平台"为核心的网络影音产业生态圈。[①] 这些成就不单归功于各个平台对精品内容的"深耕",也来自于相关企业在沪上高度集聚所产生的"磁场"。近期,聚集 560 多家企业,年产值超 50 亿元的中国(上海)网络视听产业基地即将开启二期建设,致力打造网络视听企业的巨大"孵化场"。

同时,上海市在影视剧制作、舞台艺术等传统文化产业部门中积累了丰富的优质内容资源,这也是上海文化产业立足的重要基础。近几年来,为了推动"文化＋科技"的融合,提升传统内容资源的竞争力,上海着力推进完善针对影视拍摄、后期制作、舞台展演等重点领域关键环节。经过第三轮扩区,上海张江国家自主创新示范区已经形成一区 22 园发展态势,网络动漫、网络视听、数字出版等文化科技领域集聚特征明显,形成国内 A 股主板第一游戏股。[②] 上海推出打造"一朵云和四个下一代"及数字博物馆建设、基于数字媒体与舞台装备技术研究与示范应用、三维全息音响、数字媒体与舞台艺术融合、国家文化科技重点实验室、文物复制 3D 技术研发和应用等重点项目。[③]

此外,通过一系列"文化＋科技"的产业升级举措,目前在数字创意产业领域,上海的内容资源开发走在全国前列,并且突出地将现有优质内容资源与新兴的互联网科技相结合,开辟了以内容为核心的数字创意产业发展之

[①] 形成"内容创作＋传播平台"为核心的影视产业生态圈 上海网络文化产业处在加速腾飞机遇期[EB/OL]. 上海市人民政府,2017-12-20:http://www.shanghai.gov.cn/nw2/nw2314/nw2315/nw4411/u21aw1276239.html.

[②] 未有为,杨晓东,黄斌,等.文化产业发展新常态[M].北京:中国发展出版社,2015:220.

[③] 荣跃明,郑崇选,常方舟,王韧,程鹏,袁雁悦.文化创新的上海实践及前沿思考.上海文化发展报告(2017)[R].荣跃明,主编.北京:社会科学文献出版社,2017:9.

路,其中网络文学就是一个典型案例。上海市是我国网络文学的发源地,是全国最早成立网络文学组织的地区,也是集聚全国网络写手、文学网站最多的地区。在全国有重大影响的"盛大文学"和国内最大的原创网络文学网站"起点中文网",都在上海诞生。上海网络文学占我国原创文学市场的比重为90%。2015 年,盛大文学与腾讯文学合并组建阅文集团,总部设在上海。[①] 2017 年,阅文集团在香港地区联合交易所挂牌上市,并打开了网络文学"出海"的局面。

当前,互联网平台让上海市的内容资源实现了产业创新升级,主要表现在四个方面:一是互联网公司踊跃在沪布局内容业务,2014 年合一集团电影制片主体"合一影业"落地上海。二是影视制作机构积极储备、开发网络 IP,如克顿集团较早购买了晋江网驻站作家顾漫的小说改编权,2014 年改编完成热播电视剧《何以笙箫默》《杉杉来了》;2015 年,慈文传媒购买晋江网作家果果的同名小说改编权,制作了热播电视剧《花千骨》。三是视频网站不断提升网生内容创作能力,土豆网、PPTV、哔哩哔哩等上海视频网站持续发力UGC、PGC 等网生内容创作。四是移动互联网音频业务全国领先,上海广播电视台推出的基于移动互联网的广播社区平台阿基米德 FM 于 2014 年 8 月上线,目前节目总数已经超过 4000 档。2014 年建立的中国网络剧微电影创意创业中心积极打造自制、PGC、UGC 等互联网时代文化娱乐系统。[②] 可见,突出创新思维、强化"E 产业融合"、推动文化与科技相互融合是上海发展数字创意产业的重要理念,上海充分利用了已有在传统影视、舞台表演、文学等领域的内容资源,进一步顺应互联网与移动互联网时代潮流,在促进产业的交叉融合中,走出了一条以内容带动科技的融合之路,无论科技手段如何变化,内容质量永远是文化产品的重要竞争力,因此,上海的经验值得杭州借鉴学习。

---

① 胡劲军.上海网络文艺发展的调研与思考.上海文化发展报告(2017)[R].荣跃明,主编.北京:社会科学文献出版社,2017:124.

② 胡劲军.上海网络文艺发展的调研与思考.上海文化发展报告(2017)[R].荣跃明,主编.北京:社会科学文献出版社,2017:125.

三、南京经验：坚持双效统一，提升产业服务平台

南京是江苏省省会，长三角的副中心城市，中国国家区域中心城市（华东）和长三角辐射带动中西部地区发展的重要门户城市。南京位列我国四大古都之一，同时也是南方的文化重镇，有着 6000 年的文明史、近 2600 年的建城史和近 500 年的建都史，有"六朝古都""十朝都会"之称，是中华文明的重要发祥地。作为中国著名的历史文化名城和中国园林城市、文明城市，南京具有深厚的文化底蕴和丰富的文化资源，也拥有发展文化创意产业的良好基础和资源优势。除了秀美的自然风光、积淀深厚的历史文化遗存，南京也是全国四大科研教育中心城市之一，是全国重要的高校科研基地，目前拥有各类高等院校 70 余所，文化企业开展相关专业培训的有近百家，这些较为雄厚的教育科研实力将成为南京市的特点与优势，为文化产业发展提供了强有力的人才保障和智力支撑。相较南京丰富的高校教育资源、丰厚的科研经费和众多的科研人员而言，杭州的教育资源较弱，在文化潜力方面仍有待提升。

南京与杭州同处于长三角经济圈内，其基本经济区位优势具有相似性。近几年来，南京市文化与科技的融合更加紧密，科技为南京文化创意门类的快速发展提供了重要支撑。南京市 2015 年顺应"互联网＋"发展趋势，落实《中国制造 2025 南京市实施方案（2015—2017）》，共认定市级企业工业设计中心 29 家，认定市级工业设计企业 3 家。组织 10 家企业申报省级工业设计中心，其中被认定为省级工业设计中心企业 5 家，在全省占比 11％，省级工业设计中心累计达 19 家，在全省占比 17％，逐渐形成国家、省、市三级工业设计认定体系。同年，颁布下发《南京市"互联网＋"实施方案（2015—2017）》《南京市推进文化创意和设计服务与相关产业融合发展行动计划（2015—2017）》，大力推进在信息技术、网络技术、数字技术对接过程中，派生出网络游戏、网络视听、网络出版等一系列新的文化业态。[①]

不同于北京、上海等一线城市在科技研发、文化积累、市场需求等方面具

---

① 2015 年南京文化创意和设计服务与相关产业融合发展报告.南京文化发展报告（2016）［R］.郭榛树，主编.北京：社会科学文献出版社，2016：29—30.

有得天独厚的资源集中优势,南京、杭州等二线城市要发展好互联网文化产业格外需要政府等公共服务部门的引导支持,南京市的成功经验就是努力搭建文化产业发展服务平台,为互联网文化企业创造良好的企业成长环境。当前,南京市正大力推进国家广告产业园建设提质增效,推动以移动网络与数字化新媒体广告为重点的综合性广告产业园建设,园区现有广告及关联企业500家,广告营业收入突破80亿元。加强人才培养和交流,建立广告教学实践基地10家,举办了新广告法、广告创意、项目申报等专题培训,培训人数达1000人次。[①] 2016年,中国和意大利签署《中意文化合作机制章程》,中意文化合作机制建立,南京创意设计中心成为中意合作机制中方成员单位,正式升级成为国家级对外合作交流平台。南京设计廊英国伦敦店、南京南站店也先后正式开业。全国首家文创融合人才培训平台"金梧桐•创学院"举办各类培训20余场次,培训企业家超过1000人。此外,南京市还建设创意文化产业功能区。围绕"文化创意+"主线,强化文化科技融合、文化金融合作和文化消费驱动"三大支撑",重点发展创意设计服务业、数字影音娱乐业、新兴网络媒体业、文化旅游休闲业和相关融合产业领域,构成"4+X"产业引导体系。[②]

最值得杭州市借鉴学习的是南京市搭建的网络服务平台,南京市构建了多个信息交流与管理咨询服务平台和文化产业全媒体信息矩阵,将文化产业相关资讯推送到全市的重点文化企业。其中,网络文化产业领域的信息交流与共享的平台,推动网络文化产业领域的产学研合作,促进网络文化产业领域的信息集散与信息交流;文化产业行业协会,主要发挥了宣传引导和培训服务功能,为企业提供行业资讯,促进成员间相互交流与合作;南京文化产业研究中心,为文化产业的发展提供政策信息咨询服务;南京市文化企业资源库,定期向入库企业提供最新的文化产业政策、金融信息及文化产业园区招商引资信息,组织入库企业培训交流、外出参加国内外各类文化展会。在产品推广与产权交易服务平台建设方面,建有南京文化产权交易所,

---

① 2015年南京文化创意和设计服务与相关产业融合发展报告.南京文化发展报告(2016)[R].郭榛树,主编.北京:社会科学文献出版社,2016:37—38.

② 南京市建设创意文化产业功能区的调研和思考.南京文化发展报告(2016)[R].郭榛树,主编.北京:社会科学文献出版社,2016:207.

对一切有投资价值的文化企业、文化产品、文化资源,设计成投资者需要的产品,在南京文化产权交易所各类交易平台上进行一级市场挂牌发行和二级市场交易。南京文化产业交易会是南京市和江苏省面向国内外整合文化资源、促进文化产业交流合作的文化产业展会品牌。在文化产业技术研发服务平台建设方面,建立了数字文化产业公共技术服务平台,为全省文化科技企业提供技术支撑,并提供全程云系统服务,成立了平台理事会和专家咨询委员会,对平台提供技术咨询论证以支持平台的运行与发展。另外,设有针对文化创意产业的技术服务平台,为南京市动漫游戏产业的发展提供技术支撑。[①]

其中,"创意南京"融合平台作为一个及时对接,并有效解决数字创意企业在政策、资金、人才等方面困难的文化产业公共服务平台体系,是江苏省唯一一个荣获 2015 年度文化部"文化科技创新奖"的重要项目。平台包括一批重点市级平台,连接和带动全市 30 多个子平台,面向广大文化企业提供集孵化空间、信息交流、技术研发、创意设计、项目推荐、金融服务、宣传展示等功能于一体的众创、众包、众扶、众筹服务,并推出全媒体矩阵、文创服务港、小微文化企业服务券等服务产品。印发《"创意南京"文化产业融合公共服务平台手册》,每月举办一到两场文化创意消费节,打造不落幕的交易会;定期开展"融·文化"高端品牌讲座、平台体系培训班;每月举办一场"文客圈"媒体沙龙活动,累计服务企业超过 5000 家。第一批文创港落地服务,玄武区、鼓楼区、浦口区等先后成立文化产业协会,"映霞空间""创交会""创意雨花"等平台不断成长。[②] 同时,全国首创的南京文化金融服务中心,成立两年来向各类金融机构推送贷款需求 1361 批次,促成贷款超过 50 亿元,荣获全国"优秀文化金融合作创新奖"。[③]中国(南京)数字创意产业公共技术平台总投入 1.5 亿元,拥有目前亚洲规模最大的运算核心,行业最先进的动作捕捉技术,综合功能全国领先。南京创意设计中心占地面积 10 万平

① 南京市文化产业公共服务平台功能和运营模式研究[EB/OL].搜狐网,2018-7-11:http://www.sohu.com/a/240446140_179557.

② 南京市推进文化创意服务与相关产业融合发展行动计划(2015—2017).南京文化发展报告(2017)[R].郭榛树,主编.北京:社会科学文献出版社,2017:59.

③ 2015 年南京文化改革发展报告.南京文化发展报告(2016)[R].郭榛树,主编.北京:社会科学文献出版社,2016:18—19.

方米,汇集全市优秀设计企业、人才和作品,承办"紫金奖"文化创意设计大赛,成功举办 2015 米兰世博会"南京周"和首届"南京创意设计周","南京设计"影响力不断扩大。

四、深圳经验:顺应"互联网+",发挥龙头企业带动新优势

深圳位于广东省南部,是中国改革开放后建立的第一个经济特区和最早的计划单列市,是中国改革开放的窗口,已发展为有一定影响力的国际化城市。作为连接香港地区和中国内地的纽带和桥梁,深圳在高新技术产业、金融服务、外贸出口、海洋运输和文化创意等多方面占有重要地位。同时,政策扶植力度、年轻化和高学历的人才队伍、靠近港澳地区的地缘优势,以及珠三角传统的工业制造能力,也是深圳能够在文创领域有所突破的关键。早在 2008 年,深圳成为中国第一个被联合国教科文组织认定的"设计之都",每万人口发明专利数、有效发明专利比例和 PCT 国际专利申请量等多项指标连续多年居全国之首。[①] 此外,深圳拥有中国唯一一个国家级、国际化、综合性的文化产业博览交易会——深圳文博会,被誉为"中国文化产业第一展"。近年来,深圳始终坚持把创新作为城市发展主导战略,加快建设国际文化创意先锋城市,依托文博会、文交所等国家级平台吸引全球文化资源,并在 2018 年的政府工作报告中进一步明确提出创新是深圳的立身之本,打造创新之都是深圳的九大战略之首。

2016 年,深圳完善修订《深圳市文化创意产业创新发展政策》,完成贷款贴息、保险费资助、优秀新兴业态企业奖励等 10 余类专项资金扶持计划,安排扶持金额预计 3.80 亿元;认定深圳吉虹艺术设计产业园等 4 家单位为新一批市级文化创意产业园区,园区、基地示范效应和集聚功能进一步显现。[②] 根据深圳市 2017 年的统计报告,在深圳七大战略性新兴产业中,新一代信息技术产业增加值 4592.85 亿元,比上年增长 12.5%;互联网产业增加值 1022.75

---

① 深圳市 2017 年知识产权发展状况白皮书[N].深圳特区报,2018-4-26.
② 深圳文创产业再添漂亮一笔[EB/OL].深圳新闻网,2017-9-28:http://news.sznews.com/content/2017-09/28/content_17424535.htm.

亿元,增长 23.4%;文化创意产业增加值 2243.95 亿元,增长 14.5%。①② 可见,互联网科技在深圳市经济发展中发挥了重要作用。事实上,深圳市也充分意识到了"文化+科技"的重要性。目前,深圳文化产业呈现多元发展的态势,存在"文化+科技""文化+旅游""文化+金融"以及"文化+社区"等多种发展模式。但不同模式之间是有层次的,不是并列关系,深圳把自身的科技资源放在了文化发展的核心地位,充分利用好龙头互联网科技企业(以腾讯、华强方特为典型代表)的带动作用。动漫游戏、文化软件、文化创意设计、印刷复制服务等类型的龙头企业增长迅速,微信和 QQ 包揽全国 APP 总榜安装量前两名;华强方特主题乐园以 37% 的游客增长率强势攀升至全球 TOP5;雅昌在第 68 届美国印制大奖中斩获 37 项大奖,连续 8 年成为全球获金奖最多的文化企业;第九届"全国文化企业 30 强"名单公布,华侨城连续 7 届榜上有名,裕同包装科技蝉联中国印刷包装企业 100 强榜首,5 家深圳企业获得中国文化产业投资基金投资,一份份佳讯铸就了深圳文化创意产业发展的靓丽风景。此外,深圳企业在 2017 年德国 iF 设计大奖上获奖 142 项,连续 6 年居全国大中城市首位。连续 5 年获选文创百强企业和出口 10 强企业,强化示范企业引领带动作用。华侨城集团甘坑客家小镇入选首批文化旅游综合先导区试点名单,广东国家数字出版基地深圳园区正式签约,光明华强创意产业园、国家动漫产业基地动漫大厦等一批重大项目顺利推进。③

具体看深圳多层次的文化产业布局。"文化+科技"是第一个层次,是深圳产业创新发展的制高点,通过创新文化释放价值,增强以文化为基础的产业在产业结构中的主体地位;"文化+旅游""文化+金融"是第二个层次,是深圳企业和民众的活力圈,通过整合资源塑造文化特色,运作资本打造文化精品;"文化+社区"是第三个层次,是深圳文化产业的培育面。依托这三个层次的产业发展模式,深圳市十分重视不同文化产业发展模式下的观念创新、业态创新以及产品创新。文化观念创新的模式有:"文化+科技"——华

---

① 深圳市 2017 年国民经济和社会发展统计公报[EB/OL]. 深圳市统计局,2018-4-17:http://tjj. sz. gov. cn/xxgk/zfxxgkml/tjsj/tjgb/201804/t20180416_11765330. htm.

② 深圳市 2016 年国民经济和社会发展统计公报[EB/OL]. 深圳市统计局,2018-4-28:http://tjj. sz. gov. cn/xxgk/zfxxgkml/tjsj/tjgb/201705/t20170502_6199402. htm.

③ "互联网+"视域下流行音乐内容发掘新模式——以深圳市不要音乐文化有限公司为例. 深圳文化发展报告(2018)[R]. 王为理,主编. 北京:社会科学文献出版社,2018:19—20.

强集团的数码电影和数字动漫，以及腾讯、迅雷、A8新媒体、环球数码等一批文化科技融合型企业；"文化＋旅游"——东部华侨城的大华兴寺、海菲德小镇、主题酒店群，以及世界之窗和锦绣中华民俗村；"文化＋社区"——深圳市南山区青年艺术团的社区演出、华侨城Loft、观澜版画村、大芬村、深圳梅沙原创音乐前沿基地。文化产品创新模式有："文化＋旅游"——深圳文博会；"文化＋金融"——招商银行"点金成长计划"支持中小企业的发展；①"文化＋设计"——全国十大女装品牌企业6家在福田区，还汇聚了建艺装饰、文科园林、亚泰国际、珂莱蒂尔、华视传媒等一批建筑、景观、服装、广告设计行业的领军上市企业设计基地；"文化＋影音"——龙岗区吸引了华侨城文化集团、开心麻花华南总部、深圳文交所等一批国内文创产业龙头企业落户，引进和培育了华夏动漫集团、叁鑫影视公司、大地动漫公司、迷迪音乐中心、乐杜鹃音乐节等一批具有一定影响力的影视、演艺、动漫类文化项目和企业。目前，深圳优秀的文化企业纷纷迈开上市的步伐。南山区上市文化企业已达20多家，成为全国文化产业的翘楚，形成了文化产业领军企业的强大阵营和合理梯队。福田区的建艺装饰、亚泰国际等在深交所中小板上市，深装总装饰、东文传媒等在新三板挂牌。②

　　杭州与深圳有着相似的互联网科技资源，特别是各拥有一个当前在互联网领域的龙头互联网企业：阿里巴巴的总部在杭州，腾讯的总部在深圳。这是两个城市发展互联网文化产业的独特优势。因此，深圳市围绕互联网科技与互联网龙头企业构造的多层次文化产业发展模式对杭州市有切实的借鉴价值。以当下深受互联网影响的流行音乐为例，"互联网＋"时代，以"不要音乐"为代表的一批深圳音乐文化公司，使用互联网传播平台，以校园音乐人才为主要内容源，在互联网语境下进行优质音乐内容发展培育的探索。截至2017年1月，"不要音乐"累计播放超过8亿，仅微博秒拍的当月播放量即为10198.4万，同类PGC内排行23，音乐PGC第1名。2017年8月，在亚洲新歌榜2017年度盛典中，"不要音乐"荣获2017年度创意营销音乐机构。目前，作为创业公司的"不要音乐"已经引起各方资本关注，公司获得A轮融资，市

　　① 未有为，杨晓东，黄斌，等.文化产业发展新常态[M].北京：中国发展出版社，2015：250—252.
　　② 深圳文创产业再添漂亮一笔[EB/OL].深圳新闻网，2017-9-28：http://news.sznews.com/content/2017-09/28/content_17424535.htm.

场估价 8750 万元。"不要音乐"在同类型主营业务的公司里发展较快,业界认可度较高,从公司的发展现状来看,媒介载体高效、内容呈现新颖、变现途径丰富是"不要音乐"所采用音乐内容发掘模式的主要特征。互联网平台为所挖掘的音乐内容提供了其他媒体不可比拟的传播深度与广度,这一点是以"不要音乐"为代表的深圳文化创意企业内容发掘模式最核心的优势。①

---

① "互联网+"视域下流行音乐内容发掘新模式——以深圳市不要音乐文化有限公司为例. 深圳文化发展报告(2018)[R]. 王为理,主编. 北京:社会科学文献出版社,2018:133—140.

第五章　杭州互联网文化产业重点行业——数字娱乐

数字娱乐是杭州互联网文化产业的主攻方向之一,该行业主要包括数字动漫业、数字游戏业、数字影视业和互动娱乐业等。在政府的大力支持与推动下,杭州市数字娱乐业蓬勃发展,产业生态日趋完善,形成了一批具有知名度和影响力的龙头企业,在全国处于领先地位。

第一节　数字动漫业

我国动漫行业总产值整体呈不断增长趋势,从 2012 年的 760 亿元增长至 2017 年的 1572 亿元,年均复合增长率为 15.6%。有数据显示,2017 年中国动漫产业市场规模达到 1518.1 亿元,同比增长 15.2%,预计 2018 年中国动漫产值将进一步增长,达到 1765.6 亿元,增长率为 16.3%,市场潜力十足。[①]

浙江省作为动漫大省,动漫产业已成为浙江文化产业的支柱产业之一。2017 年,浙江共生产原创动画片 50 部 18780 分钟,名列全国前列。除了产量列全国各省市首位之外,浙江的漫奇妙、水木动画和中南卡通等 3 家动漫企业入选全国原创动画片制作生产机构。有 8 部动画片入选原广电总局 2017 年度推荐优秀国产动画片目录,排名全国第一。此外,杭州市、宁波市分别入选全国动画片创作生产数量十大城市的第一位和第七位。

杭州市是浙江省动漫产业发展的标兵城市。目前拥有国家动画产业基

---

① 2018 年中国动漫产业产值及预测:总产值将达到 1765.6 亿元[EB/OL].百度,2018-5-23:https://baijiahao.baidu.com/s?id=1601250597874680142&wfr=spider&for=pc.

地 1 家,国家动画教学研究基地 3 家,动漫游戏企业共 220 家,从业人员 1.2 万余人,主板上市企业 1 家,创业板上市企业 1 家,挂牌新三板 15 家。2017 年,杭州市动画片产量稳定在 1 万分钟左右,共生产原创动画片 9281 分钟,与上年持平。全年产业营收突破 200 亿元大关,达到 223.6 亿元(2016 年度营收总额 62.1 亿元),利润总额 15.78 亿元,上缴利税 4.14 亿元。[①] 被原国家新闻出版广电总局推荐的优秀国产动漫动画片和列为少儿精品奖的动画作品数,连续三年居全国各大城市之首。2009—2017 年杭州动漫产业利润及年增长率变化如图 5-1 所示。

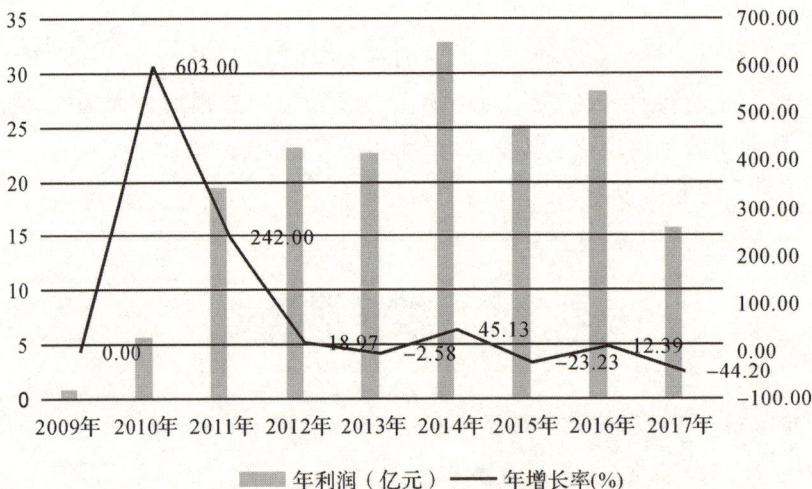

图 5-1　2009—2017 年杭州动漫产业利润及年增长率变化[②]

一、龙头企业带动效应显著

杭州市拥有中南卡通、玄机科技、博采传媒、一诺动漫、蒸汽工场、翻翻动漫、阿优文化、华麦网络、喜悦动漫、诺游动漫、明朗影视等一大批优秀的动漫企业,通过发挥带动效应,整合优势资源,有力推动了杭州动漫产业不断发展

---

① 2017 年杭州市动漫游戏产业年度报告[EB/OL]. 搜狐网,2018-4-16:http://www.sohu.com/a/228417743_467644.

② 数据来源:历年杭州文广新局公布的动漫产业报告。

壮大。

最早走上原创之路的浙江中南卡通股份有限公司,开辟了自己的商业模式与盈利模式。近年来,中南卡通立足国际、国内动漫市场,以自主知识产权为核心,不断提升完善内容、科技、市场、渠道、品牌等创新能力,推进科技文化融合,打造以海内外动画发行网络、动漫品牌授权网络、动漫销售渠道网络为一体的"一核三网"动漫产业链,自主动漫品牌盈利能力、企业核心竞争力和综合实力在同行业处于领先地位。中南卡通至今已原创 21 大题材 58 部、近 10 万分钟精品动画,《天眼》系列、《魔幻仙踪》《郑和下西洋》《乐比悠悠》系列等动画作品荣获国家精神文明建设"五个一工程"奖、国家动画精品一等奖、国产优秀动画片等各类国内国际奖项 150 余项,原创动画生产能力位居全国前列,先后在国内 400 多家电视台及互联网、手机等新媒体热播,并进入世界 90 个国家和地区的播映系统,影视动画出口稳居全国前列。[①] 中南卡通现下正在进行全产业链的开发和布局,创建以动画为核心的多元化大平台、大体系、大生态。未来,中南卡通将积极围绕市场需求、观众喜好和时代进步,不断实现内容创作、产业布局、商业模式、国际合作的战略升级,加速打造全球开放合作平台,创新推动动画与教育、科技、旅游、商业、互联网等更多产业的深度融合。[②]

玄机科技立足原创动漫影视制作,拥有从内容创作、图书音像、衍生产品、网络游戏、媒介宣传到市场发行的动漫全产业链运营能力,首创在长篇动画中使用 3D 技术和卡通渲染风格,令 3D 动画兼具强烈的动态效果及手绘画的细腻唯美,带给观众新鲜完美的观影享受。旗下拥有《秦时明月》系列、《蔡志忠文化经典》《快乐星猫》《梦幻猫咪屋》《蓝巨星和绿豆鲨》(联合制作)、《巴布豆》等电视动画片系列,以及一系列动漫周边商品。2015 年,玄机科技年营收便已达 8000 万元,利润约为 3000 万元,2016 年实现营业收入 255.09 亿元,呈爆发式增长。旗下《秦时明月》推出至今已十多年,点播量累计超 100 亿,连续获原国家广电总局"年度推荐优秀国产动画片奖"、省市精神文明建

① 中南卡通:构建国产动画国际发行体系[EB/OL].搜狐网,2018-1-10:http://www.sohu.com/a/215816151_502857.

② 中南卡通签约多项合作 打造新型动漫产业[EB/OL].搜狐网,2018-4-27:http://www.sohu.com/a/229735601_247520.

设"五个一工程奖"等百余项重要大奖,并被翻译成 7 种语言,发行至美国、加拿大、俄罗斯、意大利等 37 个国家与地区。姊妹篇《天行九歌》获得 16 亿多的点播,创下多个收视纪录。《武庚纪》更新播出的两季收获了 26 亿多的点播。此外,玄机科技与网易合作的《天谕》,也在全网收获良好口碑,被誉为东方美学的创世幻想。企鹅影视与玄机科技联合出品的《斗罗大陆》上线 24 小时点击量达 2 亿,更是首创利用 AI 技术制作动画。2018 年,《秦时明月》先获第 15 届中国动漫金龙奖"二次元指数"年度最佳动画,随后在首届中国软 IP 大会上连获"年度文化贡献大奖"和"IP 年度传播热度榜",是唯一获得"年度文化贡献榜"的动画品牌。《天行九歌》也获得"2017—2018 中国泛娱乐产业年度大赏"卓越创新作品奖。

杭州市的动漫龙头企业通过不断向市场输出具备广泛影响力的优秀动漫作品,奠定了其在行业内的优势地位。2017 年,博彩传媒出品的电影《昆塔:反转星球》赢得了精彩口碑和 5000 万元的不俗票房,还荣获第十二届加拿大中国电影节最佳科幻动画片奖。2018 年上半年,玄机科技出品的《秦时明月第五季:君临天下》、一诺动漫出品的《乌龙院之活宝传奇》、阿优文化出品的《阿优的烦恼》在国家广播电视总局第一季度推优中榜上有名。2018 年 5 月,明朗影视动画大电影《风来风去》获"亚洲之夜"最佳编剧奖项。

这些龙头企业的带动效应形成了强大的聚合力,优化了杭州动漫产业结构,也激活了产业链的各个环节。通过产业集聚效应,杭州市正在逐步形成产业体系相对完整、结构布局日趋合理、整体技术水平先进、市场导向作用明显的动漫产业格局。未来,杭州动漫产业将立足本地优势,进一步发挥龙头企业的带动效应,整合有效产业资源,加快产业跨界融合,推动动漫产业发展迈上新的台阶。

二、跨界融合提升产业效益

杭州市动漫产业的跨界融合主要体现在两方面,一是以优质 IP 为核心,在生产运营层面进行多业态融合;二是借助金融资本的力量,在商业运作层面做大做强。

动漫 IP 的价值逐渐显现,优质 IP 是动漫产业的核心资源。在生产运营中,以优质 IP 为核心,发挥 IP 的知名度和影响力,拓宽动漫产业边界,让动漫与文学、游戏、影视、音乐等业态交叉融合。在杭州,游戏和动漫早已实现联动发展,一个优质的动漫 IP,由游戏开发商做成不同的游戏形式,具有极高的商业价值。玄机科技的《秦时明月》其同名网游、手游自开放以来,十分火爆,吸引了众多动漫迷,其同名电视剧自开播以来,也吸引了观众眼球。中南卡通则开辟了另一种融合途径。主打早教的动漫 IP《乐比悠悠》,拥有 7 部系列动画作品,累计播放量超过 30 亿次,它的早教类衍生品授权早教机构,并与之达成建立社区亲子乐园的合作。2018 年,中南卡通与西安市高陵区政府开发动漫小镇,融入动漫 IP 打造中南卡通 IP 动漫亲子体验区。

随着动漫产业的日益繁荣,市场规模的日趋扩大,资本市场对动漫产业更加关注与投入,投资并购、上市融资热潮涌现。2015 年,在新三板挂牌的动漫企业仅有 29 家,截至 2016 年 7 月初,新三板挂牌动漫企业已达 45 家。根据 DoNews 统计,2017 全年以动漫为基础的二次元行业共有 93 家获得共计 100 次投资,总金额超 40 亿元人民币。[①] 杭州动漫产业充分利用资本的力量,加大产业投入,更好地推动产业发展。中南卡通早在 2015 年成功登陆新三板。2016 年,杭州动漫公司全修文化宣布于 6 月完成了千万级天使轮融资。2017 年 2 月,玄机科技获腾讯 2 亿元投资后,估值接近 20 亿元。2018 年 3 月,原创漫画公司幕星社已完成 4000 万元天使轮融资。

目前动漫产业与其他产业间关联越来越紧密,已经超越了原来单纯的内容功能,在教育、旅游、影视、游戏等领域都发挥着重要作用。杭州市的动漫企业积极寻求跨界合作,努力实现产业布局多样化,同时,在泛娱乐媒体的推动下,传统的市场壁垒被打破,中间平台商有效的流量分成、衍生品产业的蓬勃发展等都将提高动漫作品的原有价值,拓宽整个行业的发展空间。杭州动漫企业利用这一机遇,积极生产和深度挖掘优质原创动漫内容,实现更高层次的跨界融合。

---

① 2017 年二次元行业投资 93 家公司获投资超 40 亿[EB/OL]. 搜狐网,2018-1-4:https://www.sohu.com/a/214635630_523023.

三、新兴技术得到广泛应用

近年来,在新兴数字技术、信息技术不断发展的背景下,VR/AR、3D、AI 等技术应用领域越来越广泛。杭州动漫产业已经步入重要的转型升级阶段,将新兴技术运用到动漫作品的制作与推广上,不仅顺应了消费者的需求变化,带给消费者更好的消费体验,还有助于改善产业发展环境,突破动漫产业的发展瓶颈。

阿优文化是一家在杭州众多动漫企业中凭借智能技术实现产业转型的企业,也是全国第一家获得"国家科技进步奖"的动漫文创企业,注重在幼儿教育、动漫 IP+智能科技等多方面发展。阿优文化自主研发了一款基于互联网思维的、应用于家庭互联的智能产品——"阿 U 兔智"。外观造型来自阿优文化公司原创的《阿 U》系列动画片中最受小朋友欢迎的跳跳兔。以阿 U 卡通形象为原型开发出来的阿 U 智能学习机、阿 U 兔儿童机器人等已销售到美国、英国等国际市场。2017 年以来,阿优文化在智能科技和阿 U 幼教产业上,与香港科技大学、匈牙利摩根斯坦集团、德国学者等开展了深度合作。阿优文化通过"文化+科技"的创新模式,走出了差异化的经营之路,用具有自主知识产权的动漫 IP 来驱动用户,用儿童文化内容增强智能科技产品的用户粘性。[①]

中南卡通近年来也积极探索发展智能技术领域。在 2018 年第二届杭州(国际)未来生活节上,中南卡通展示了针对青少年创客教育需求研发的"VR+教育"黑科技——"创意空间",通过简单操作 VR 设备就可以让青少年在动漫世界里培养创新能力。此外,旗下的中南卡通城是一个以动漫为主题,以XD 体验馆、4D 体验馆、互动体验馆等展馆为基本内容,以动漫、科技、教育三者关系为主题的游乐城,最大限度地实现了"动漫+科技"的效用。

---

① [创业英雄汇]阿优文化马舒建:阿 U 兔智,"文化+科技"融合创新的儿童智能产品[EB/OL].搜狐网,2016-6-28:http://www.sohu.com/a/86714202_198880.

四、动漫作品质量不断提升

十多年来,杭州动漫产业从无到有、从少到多、从弱到强,实现了从量变到质变的飞跃。近些年,杭州动漫企业制作发行了大量优秀的动漫作品,作品质量不断提高,受到了业内的好评,也受到了大众的欢迎。

2017 年,杭州共发行上映了 3 部动画电影。其中,新长城动漫创作的《咕噜咕噜美人鱼 2》众筹 3000 万元,成为国漫史上众筹金额最大的动画电影。中国美术学院副教授刘健执导的动画电影《大世界》,获得了第 54 届金马奖最佳动画长片奖,是内地首部获得金马奖的最佳动画长片。《大世界》还是中国动画电影第一次入围三大国际电影节(威尼斯电影节、戛纳电影节、柏林电影节)主竞赛单元的影片,也是继 2001 年宫崎骏的《千与千寻》后,再度获此荣誉的亚洲动画电影。

此外,杭州共有《天谕》《卿如丝》等 8 部精品力作入选 2017 年原国家新闻出版广电总局"原动力"中国原创动漫出版扶持计划项目,入选数量居全国前列。《秦时明月》《小鸡彩虹》等多部杭产原创动漫游戏作品斩获国家和省级相关部门各类奖项近 100 个。其中中国美术学院出品的动画电影《大世界》继首次入围三大国际电影节主竞赛单元后,又摘得"金马奖";杭州阿优文化创意有限公司创作的《阿优》科普动画创新与跨媒体传播项目获得国家科学技术进步二等奖,成为首家获得国家科技进步奖的中国动漫企业;经典漫画《乌龙院》在杭州实现 IP 运作,漫画改动画已在腾讯正式播出,真人电视剧电影也将陆续推出。

五、平台建设助力产业发展

在产业平台方面。杭州国家动画产业基地于 2004 年成为首批"国家级动画产业基地"之一。基地主要发展包括动画、漫画、游戏在内的大动画产业。目前,基地凭借科技创新、人才支撑以及动漫产业的先发优势,形成产学研相结合的产业链,打造杭州"动漫之都"的核心产业区、全球动漫游戏内容制作和输出中心之一。当前,杭州致力于打造的中国动漫博物馆,是杭州打造全国文化创意中心和"动漫之都"的重点项目,博物馆将利用动漫特有的内涵和理念,运用高科技充分展示动漫的魅力。

同时,杭州动漫致力于打造国际性动漫交流平台,助力动漫产业对外输出。中国国际动漫节是唯一国家级的动漫专业节展,也是目前规模最大、人气最旺、影响最广的动漫专业盛会。先后被国家"十一五"和"十二五"文化发展规划纲要列为重点扶持的文化会展项目、"中华文化走出去"的重要平台,自 2005 年以来固定落户杭州举办。

2018 年第十四届动漫节共吸引了 350 个动漫品牌与形象参展,其中小猪佩奇、熊本熊、乐高、星球大战等来自 17 个国家和地区的国外品牌与形象 89 个,国外知名动漫品牌占比达 25％,腾讯视频、磨铁图书、中南卡通、喜悦娱乐、皮皮鲁动画等企业举行了专场发布与专题推介。[①] 越来越多的名企名家都选择中国国际动漫节作为展示推介、重点发布的主舞台,充分体现了市场对动漫节平台价值的认可。据统计,共有 85 个国家和地区参展,交易总额达163.21 亿元,远超去年同期。中国国际动漫节历届数据如表 5-1 所示。

表 5-1　中国国际动漫节历届回顾[②]

时间(年)	国家/地区数	参观人数(万人)	交易总额(亿元)	展商数量(家)
2012	61	208.00	146.00	461
2013	68	123.00	136.20	472
2014	74	138.30	138.78	602
2015	78	137.29	148.46	617
2016	80	138.15	151.63	2531
2017	82	139.45	153.28	2587
2018	85	143.35	163.21	2641

对于动漫企业来说,巨大的海外市场是一片亟待开发的蓝海,动漫"走出

---

① 刷出四个新纪录的动漫节,给中外嘉宾和媒体留下深刻印象的,还有这件事……[EB/OL].中国国际动漫节官网,2018-5-2:http://www.cicaf.com/xwzx/content/2018-05/02/content_6861543.htm.

② 历届回顾[EB/OL].中国国际动漫节官网:http://www.cicaf.com/zhgg/content/2012-12/26/content_4537880.htm.

去"不仅可以提升动漫作品的品牌价值,获得丰厚的经济回报,而且助推了中华文化走向世界,是展示民族文化、国家文化软实力的重要载体。"讲好中国故事,传递中国声音"已成为中国动漫企业的共识。2018 年,中国国际动漫节及杭州动漫游戏企业参加了法国安古莱姆漫画节、英国儿童媒体峰会、法国戛纳电视节、2018 德国科隆国际游戏展、捷克 ANIFILM 国际动画电影节等知名展会,通过走出国门参与国际知名展会,大力提高了杭州动漫产业的国际知名度和国际化水平。

第二节　数字游戏业

据知名市场研究公司 Newzoo 发布的 2017 年《全球游戏市场报告》显示,中国游戏市场收入达到 275 亿美元,占全球游戏市场总收入的四分之一。[①]这个成绩背后体现的是我国游戏产业的飞速发展。游戏企业在我国各省各地生根发芽,营收、利润都呈现飞速增长的态势。浙江省的游戏产业已具备较为雄厚的实力,增速较快。2016 年,全省游戏产品销售收入突破 100 亿元。截至 2017 年底,通过浙江省游戏出版企业上报申请游戏版号的游戏作品已达1600 款。[②] 2017 中国互联网百强榜单中,共有 25 家与游戏相关的企业入围,占据了榜单的 1/4。其中,8 家上榜浙企中,有 3 家均为游戏企业,分别是顺网科技、边锋网络和金华比奇。[③]

杭州市是浙江省游戏产业的主力军。近年来,杭州游戏产业迅猛发展,产业规模不断扩大,优秀产品不断涌现,培育了一批具有知名度和业界影响力的游戏企业。

---

① 2017 年全球游戏市场收入 1089 亿美元,中国 275 亿占全球四分之一[EB/OL]. 手机游戏网,2017-4-21:http://news. 4399. com/hangye/shuji/m/748736. html.

② 浙江游戏产业持续高速增长 精品力作依然稀缺[EB/OL]. 浙江科技新闻网,2017-11-10:http://st. zjol. com. cn/kjjsb/yc15486/qt15489/201711/t20171110_5693105. shtml.

③ 8 家浙企入围中国互联网企业百强 游戏企业势头足[EB/OL]. 浙商网,2017-8-5:http://biz. zjol. com. cn/zjjjbd/cjxw_11149/201708/t20170805_4744806. shtml.

一、产业集聚发展态势明显

杭州依托现有的产业基础,深入挖掘优秀文化资源,促进新兴技术在游戏产业领域的应用,增强网络游戏、手机游戏、电视游戏等的自主研发和运营推广能力,不断拓展和完善产业链条,培育了一批行业领军企业,有效提升了全市游戏产业的综合竞争力。截至 2017 年 8 月,浙江省审批的 1264 家游戏企业中,杭州市有 818 家,占比 64.72%。其中,网易、边锋网络、电魂网络、畅唐科技等企业都是游戏行业的佼佼者。[①] 在区域分布上,杭州滨江区已经集聚了网易、电魂网络、边锋网络、网易雷火、畅唐科技等 60 余家游戏企业,其他各区也都拥有一定数量的游戏企业,游戏产业已然渗透于整个杭州,呈现出显著的产业集聚发展态势。

杭州数字游戏业的领军企业非网易游戏莫属。网易于 2001 年正式成立在线游戏事业部,经过近 20 年的快速发展,品牌价值已超过 13 亿美元,是全球七大游戏公司之一。2017 年,网易占全球市场 PC 游戏收入规模的 3.18%,占全球市场手游收入规模的 22.1%。2017 年,网易游戏方面收入达到 363 亿元,在全行业占比达到 17.8%。根据 SensorTower 统计的 2017 年 AppStore 数据,网易是 2017 年中国市场发布应用最多的发行商之一,拥有《光明大陆》《镇魂曲》《乱斗西游》《武魂》等百余款游戏产品。2017 年,网易公司共计发布新应用 68 款,其中手游产品共计 43 款。

电魂网络同样发展迅猛,成立于 2008 年 9 月,以竞技类网络游戏为特色产品,拥有《梦三国》《梦三国 2》《梦塔防》等多款手游作品。目前,已登陆中国的台湾和香港地区,以及东南亚、北美和澳洲等地市场。2016 年 10 月 26 日,电魂网络在上交所挂牌上市,成为国内 A 股主板独立 IPO 游戏第一股。电魂网络本着"铸造游戏之魂"的理念在网络游戏领域深耕发展,一方面继续做好公司传统产品的优化升级和玩家维护,保证公司较为稳定的营收来源;另一方面,紧跟行业发展方向在移动端游戏和 H5 小游戏领域加大投入和布局,以开拓更多的业绩增长点,降低公司单一产品依赖的经营风险和发展局限性。

---

① 胡秀丽. 崛起之路:杭州游戏产业的危与机[J]. 杭州(周刊),2017(24):40—41.

边锋网络于 2013 年由浙报传媒斥资 32 亿收购,成为浙报传媒旗下全资子公司。边锋网络以在线棋牌、电子竞技平台、桌面游戏、无线终端为四大主营业务,旗下拥有的边锋游戏、游戏茶苑、浩方电竞、三国杀等众多知名品牌,均是各自所处领域中的领先者。

凭借网易、电魂网络、边锋网络等领军企业的快速发展,杭州市已成为游戏产业的一块高地,吸引资本流入以及中小游戏企业落户,产业生态得到不断优化完善。

二、优秀游戏产品不断涌现

近些年,游戏产业作为文创产业的重要组成部分,表现出爆发式增长的态势,成为投资新蓝海,社会资本大量涌入,许多新兴游戏企业诞生,游戏产业的出色表现已成为杭州文创产业发展的重要现象。不同于存在政策依赖的一些产业,游戏产业的市场化程度较高,行业自主发展速度较快。目前,杭州市集聚了一大批成长性良好的游戏企业,杭州游戏品牌赢得了业内口碑,优秀游戏产品不断涌现,形成了自身特有的优势。数据显示,杭州市具有游戏出版资质的企业有 20 家,近两年出版几百款游戏。在 2016 年浙江省出版的 344 款游戏中,杭州占比 77％。①

网易游戏斩获 2017 年度中国十大品牌游戏企业、2017 年度中国十大游戏研发商、2017 年度中国十大游戏出版商、2017 年度中国十大移动游戏运营商四项大奖。2017 年 3 月,网易爱玩荣获"中国游戏行业 2017 年度优秀游戏媒体奖"。在 2018 年"中国游戏盛典"中,网易游戏《梦幻西游》手游、《我的世界》与《阴阳师》以优质的产品口碑和持续的精细化运营,荣获"2017 十大最受欢迎网络游戏"。经典端游《大话西游 2》《天下 3》上线以来一直受到玩家的欢迎,获评"2017 年十大最受关注客户端游戏"。网易游戏和电魂网络均获得"2017 年度天府奖最佳移动游戏公司"。在 2017 年"游戏十强"颁奖盛典中,电魂网络的《梦三国 2》《巅峰战魂》分别荣获"最佳客户端网游"和"最受期待的客户端网游"。边锋网络获得"2017 年省游戏行业协会行业最具影响力企业奖"。

---

① 胡秀丽.崛起之路:杭州游戏产业的危与机[J].杭州(周刊),2017(24):40—41.

未来,杭州游戏产业需要发挥出杭州"文化＋创意"的优势所在,打破游戏创作"升级打怪"的传统思路,通过实践"游戏＋文化"模式,走出同质化、棋牌化的惯性发展道路,制作优秀的游戏产品,打造独特的游戏文化品牌。

三、围绕 IP 开展跨领域合作

随着泛娱乐时代的到来,文化消费市场越来越大,文化产品形态也越来越丰富。IP 全产业链价值正在被深度挖掘,IP 是跨平台的,可以以漫画、小说、电影、玩具、游戏等不同的形态存在。IP 的多元化开发,是当前文创产业的热门领域。将高人气的网络小说、影视作品改编成网游,已然是游戏产业的一大趋势,网络小说、影视作品本身自带粉丝流量,为后期游戏的市场推广打下基础。

早在 2015 年,网易游戏就购买了古龙先生全系列小说 IP 游戏改编权。百游汇通杭州研发部将网络小说《兽血沸腾》改编成同名网游。著名的《秦时明月》系列、《武庚纪》均被改编成同名手游。2017 年,网易游戏将玄幻剧《九州·海上牧云记》改编成手游。2018 年,网易游戏将电视剧《南方有乔木》改编成以剧情为导向的文字互动游戏,吸引了众多粉丝的注意力。

网游改编成小说、电视剧同样逐渐成为一种潮流。2014 年,网易邀请知名写手将老牌手游《新大话西游 2》改编成网络小说。2016 年,网易云阅读联合网易旗下多款游戏联合推出"游戏 IP 创写纪"项目,同时连载 6 部网易旗下的游戏改编而成的小说。2017 年,《梦幻西游》被改编成同名电视剧。

优质 IP 的多元化开发是游戏产业转型升级的必经之路。国内游戏产业的一大困境是平均寿命较短。解决这一困境,与文学、漫画等的跨领域合作是可行手段。文学、漫画等内容向作品能给予手游发展的新机遇,可以延续的情节,可以弥补手游产品内容单调、续作创作难的劣势,让手游产品更具文化性,甚至有希望创造出极具品牌号召力的手游系列作品。[①] 同时,游戏内容向文学、漫画、影视等领域的转化,也有助于深度挖掘和开发游戏内容价值,塑造游戏品牌形象。

---

① 杨圣辉.好 IP 是游戏厂商转型突破口[N].中国出版传媒商报,2018-6-29(003).

四、新型业态增添产业活力

随着游戏产业的发展,与之密切相关的电子竞技产业日益显示出巨大的发展空间和市场潜力,并越来越被主流文化所接受,成为年轻人的一种时尚文化。未来,电竞产业借助直播、VR、移动通信等技术,将进入一个快速发展时期。根据艾瑞咨询与华体电竞联合发布的《2018中国电竞行业研究报告》显示,2017年中国电竞行业进入爆发期,整体市场规模突破650亿元,并首次出现了观赛人次突破100亿的赛事。电竞产业链已日趋清晰和完善,上游是游戏内容生产与运营,中游是电竞赛事运营,下游是电竞周边产品开发。

2017年6月18日,全国首个电竞数娱小镇落户杭州,小镇以全国、全省电子竞技产业综合发展先行区、引领区为定位,目标是成为具有国际影响力的全球电子竞技产业发展高地。网竞、顺网、电魂等不少游戏公司开始培养自己的游戏战队。同年11月10日—12日,京东杯·2017中国电子竞技嘉年华暨浙江国际数字体育娱乐展览会(京东杯·2017CEC&ESM)举行,这是浙江近年来规模最大的一场泛娱乐展览会。游戏及其相关产业参展商共计38家,不仅有腾讯、网易、完美等全国一线厂商,还有中国杭州电竞数娱小镇、金科文化、战旗、KK直播、全民直播等一系列本土企业。

2017年12月15日,LGD俱乐部杭州主场正式开业,LGD电竞影视文化中心是一个电竞主场综合体,除了LGD俱乐部主场驻训基地、生活区以及LPL赛事场馆之外,还包括了星际影城二期、电竞互动娱乐区等多个区块。[①]这是中国乃至全球第一个落成的电竞主场,它将电竞与娱乐、餐饮、购物、影视等泛娱乐产业结合。2018年度"杭州文创新势力大赛"评选还首次增设了电竞专场。2018年初,网易正式宣布发力电竞产业,并公布了"10亿泛娱乐电竞生态计划"。8月,网易电竞X计划揭露,第一届NeXT系列赛事将于9月2日开启。NeXT强调通过线上线下的结合,打造梯式的人才选拔体系;结合丰富的互动活动,打破了电竞赛事和玩家盛会之间的边框限制,兼顾了

---

① 这些年,我们追过的电竞行业"变了"![EB/OL].杭州日报,2017-12-27:http://hzdaily.hangzhou.com.cn/hzrb/2017/12/27/article_detail_1_20171227A2410.html.

竞技性和娱乐性；通过同一赛事品牌使不同产品产生交集，不同细分领域的用户通过线下活动产生共鸣。①

2017 年 4 月 24 日，亚洲奥林匹克理事会正式宣布将电子竞技列为比赛项目，首次比赛将于 2022 年杭州亚运会举行。杭州以电子竞技成为 2022 年杭州亚运会备选比赛项目为契机，抓住产业发展的机会，围绕产业链上下游，推广绿色游戏、健康竞技的理念，正确并积极地引导电竞行业的职业化发展，致力将杭州打造成为中国电子竞技产业之都。

五、游戏出海面临巨大机遇

海外市场之于我国游戏厂商的重要性不言而喻，是一个巨大的增量市场。伴随着我国游戏市场的饱和，海外市场的重要性越来越凸显。《2017 年中国游戏产业报告》显示，2017 年，中国自主研发网络游戏海外市场实际销售收入达 82.8 亿美元，同比增长 14.5％。② 2017 年，韩国手游市场排名前二十的游戏中，中国手游就有十几款，总销售额超过 11 亿元。③ 越来越多的游戏企业制定并实施全球化发展战略。综观过去几年国产游戏出海历程，出海销售收入、新游戏数量、出海厂商数量都在不断增加，东南亚和韩国是重点的游戏海外市场。在此背景下，杭州游戏产业出海有着不错的表现，面临着巨大的机遇。

杭州游戏出海发行商以网易游戏为首。根据 App Annie 公布的"2018 年 2 月中国 APP 发行商出海收入榜单"，网易排名第四。根据 Sensor Tower 发布的"2018 年 2 月中国手游收入 TOP30"榜单，网易的《阴阳师》在日本、台湾地区和美国等市场吸金可观，排在榜单第 28 位。《荒野行动》在日本市场同样取得了亮眼的成绩，2017 年 11 月中旬在日本上线之后，几乎一直占据下载榜的榜首。网易游戏凭借《荒野行动》已经成为头部出海厂商之一。根据 Sen-

———————————

　　① 从 NeXT 看网易游戏如何在电竞领域"突维"［EB/OL］. 搜狐网，2018-9-30：http://www.sohu.com/a/257104260_497336.

　　② 2017 年中国游戏市场实际销售收入达 2036.1 亿元 移动游戏市场占 57.0%［EB/OL］. 百度，2017-12-19：https://baijiahao.baidu.com/s? id=1587199909035900098&wfr=spider&for=pc.

　　③ 关于游戏"出海"你了解多少？［EB/OL］. 搜狐网，2018-8-13：https://www.sohu.com/a/246805108_100216930.

sor Tower 2018 年 10 月份数据显示,网易《荒野行动》上线时间不到一年,在 App Store 和 Google Play 双平台全球收入已经超过 3.7 亿美元(约 26 亿人民币)。

受区域文化限制,将游戏推出海外十分艰难。因此,就目前的出海阶段来说,除了产品出海外,资本出海是游戏产业出海的重要模式。2017 年 1 月,浙江金科花费 10 亿美元收购 Outfit7,将"汤姆猫"IP 收入囊中,成为 2017 年中国游戏行业金额最高的游戏并购案。2018 年 6 月,网易游戏正式宣布投资美国游戏工作室 Bungie 并持有其少数股权。7 月,出手 1 亿美元投资英国游戏架构公司 Improbable 并获得少数股份,之后网易还收购了独立游戏开发商 Jumpship 的少数股权。

第三节　数字影视业

浙江省是我国影视行业发展的重要力量,是中国影视产业副中心之一。根据《2017 年度全国电视剧发展情况统计分析报告》显示,浙江制作电视剧 45 部,占全国电视剧制作数量的 14.33%,全国排名第二,其中自制网络剧达 44 部;电视剧制作投资额为 60.47 亿元,同比增长 108.52%,排名前列,并以 82.31 亿元的电视剧销售额位列全国第一。作为全国排名前三的票房产出大省,浙江拥有影视制作机构 2100 余家,数量位居全国第二,各种影视摄制基地近 30 个,每年制作电影 60 余部。[①]

杭州市作为浙江影视产业的核心地区,致力于加强产业聚集和精品影视供给,努力打造浙江影视品牌,促进影视业繁荣发展,提升全产业链竞争力。目前,杭州一共拥有影视企业约 500 家,其中上市挂牌企业 8 家,数量位居全国同类城市前列。近年来,有 15 部影视作品荣获全国"五个一工程奖",获奖数量居全国区县市前列。[②] 2017 年,拍摄电视剧 44 部,共 1331 集,摄制完成

---

① 浙江省电影放映协会成立 将进一步规范电影市场[EB/OL].浙江在线,2017-6-29:http://ent.zjol.com.cn/zixun/201706/t20170629_4455299.shtml.

② 中国影视艺术年度总结会举行 为什么选择在杭州总结这一年成绩?[EB/OL].浙江新闻,2017-12-26:http://zjnews.zjol.com.cn/zjnews/hznews/201712/t20171226_6151707.shtml.

17 部电影。①

一、产业结构不断优化完善

目前,杭州影视产业形成龙头企业超前发展,中小企业稳步前进的发展局面,产业结构得到不断优化完善。华策影视实现产业链的带动效应,引发产业链的联动经济效应,促进了杭州影视作品质量的整体提高,中小企业不断给市场注入新活力,丰富影视作品类型,加快产业集聚。

华策影视不仅在杭州,甚至在全国都是集全网剧、电影、综艺于一体的龙头企业。它以内容为核心全面布局泛娱乐产业,深度推动产业革新和生态升级,形成了影视内容的规模优势、国际合作的先发优势、品牌地位的领先优势、率先上市的资金优势、科技数据的工业化优势。年报显示,华策影视近年来营收稳中有升,2017 年总营收达到 52.45 亿元,同比增长 18.01%。在 2017 年电视剧公司电视剧数量上,华策影视以年度 12 部电视剧夺冠,题材涵盖爱情、玄幻、古装等多种类型。在大剧方面,华策影视的播放量同样领先。在 2017 年播放量前 3 名的电视剧中,华策影视参与投资出品的《楚乔传》位列播放量第一。电视剧之外,华策在电影、综艺以及华剧出海领域成绩也十分耀眼。春节档《功夫瑜伽》斩获 17 亿票房,成为春节档票房冠军。《悟空传》以多种制式在全国公映,票房近 7 亿元,成为暑期档的口碑之作。《致我们单纯的小美好》在国内市场赢得口碑的同时,打入了国际市场,于 2018 年 4 月登陆 Netflix,成为首部出海的国产青春网剧。

除了龙头企业发展形势喜人,一些凭借优秀作品进入大众视野的影视公司同样收获颇丰。佳平影业投资制作的大型革命历史剧《东方》在央视一套黄金时间播出,现代商业题材电视剧《鸡毛飞上天》和纪录片《话说钱塘江》入选浙江省文化精品工程,并列入中宣部的重点项目。《鸡毛飞上天》还获得原广电总局"迎接党的十九大胜利召开参考剧目"推荐,在浙江、江苏两大一线卫视平台播出。据央视索福瑞 52 城市收视率统计,《鸡毛飞上天》收视主力集中在 25 岁到 55 岁年龄段,豆瓣评分达到 8.6,近 50% 网友给出五星评价,获

---

① 2017 年杭州市国民经济和社会发展统计公报[EB/OL].杭州政府网,2018-5-21:http://www.hangzhou.gov.cn/art/2018/5/21/art_1256301_18193656.html.

得了大部分年轻人的喜爱。①

二、影视产业园区发展迅猛

杭州西溪创意产业园是杭州市首批确定的十大文化创意产业园之一,已成为国内影视产业创作重要集聚区。近十年里,围绕杭州市"全国文创产业中心"发展战略,依托优异的生态和人文资源优势,引进国内一流的名人和名企,注重产业规划和培育,努力彰显产业特色,园区品牌效应和示范引领作用不断彰显。园区坚持"名人立园,影视强园"发展战略,经过几年的发展,引进影视产业相关企业42家,形成了以剧本创作、投资、影视拍摄和制作、影视审查、电影发行、院线放映为一体的影视文化产业园。2016年,园区实现总产值30.5亿元,入驻影视企业计划投入影视项目资金4.2亿元,共筹备拍摄制作电视剧39部、电影28部,共出产电视剧1631集,上映院线电影17部,实现电影票房收入近40亿元。

2016年,杭州西湖区与中央新影集团签约杭州非遗影视文化产业园。杭州非遗影视文化产业园以影视拍摄、后期制作和影视旅游为主,有高科技摄制棚、影视制作等配套区。与其他影视城不同,该园区充分利用杭州文化资源,彰显杭州的地域特色,非遗文化、数字动漫等元素随处可见,打造非遗影视文化产业,涵盖了内容创作、版权交易、庆典活动、道具研制、人才培养、中外交流等领域,是一个全产业链影视文化综合体。

2017年3月,中国互联网影视产业园落户杭州,它是一处重点发展互联网影视及衍生、金融投资、数字娱乐等新经济产业的产业园。产业园以"一平台三中心"建设为主体,即中国互联网影视产业公共服务平台,以及中国互联网影视文化版权交易中心、全国影视指定拍摄景地规划研发中心、中国互联网影视人才培训中心。在模式创新上,产业园充分发挥清华长三角研究院杭州分院产业培育、资源渠道和体制机制的优势,依托杭州文化广播电视集团电视频道、电台频道文广投资、动漫会展等旗下资源,打造"互联网+影视"全产业链集群。

---

① 鸡毛飞上天 我们的精神也跟着飞上了天[EB/OL].浙江新闻,2017-3-28;http://zjnews.zjol.com.cn/zjnews/zjxw/201703/t20170328_3377333.shtml.

　　2017 年 12 月 26 日,被称为"影视新硅谷"的中国(浙江)影视产业国际合作实验区正式举行揭牌仪式,全国 10 家代表影视产业中坚力量的媒体企业在大会上成立了"中国电视剧(网络剧)出口联盟"。中国(浙江)影视产业国际合作实验区,是由原国家广电总局批复成立的全国唯一一个以出口为导向的国家级影视产业园区。实验区将成为中华文化走出去的重要窗口,通过影视产业国际交流合作平台,即国际影视人才培养平台、影视节展交易平台、影视译制传播平台、影视产业投融资平台、影视文化科技研究平台建设推动中国影视产业国际化发展。实验区的成立标志着新的平台诞生,10 家媒体建立的"出口联盟"将秉承"自主自由、资源聚合、平台赋能"的宗旨,"抱团出海"提升中国影视剧的向外输出能力。①

　　2018 年 10 月,北影(杭州)国家级电影产业基地项目落地杭州富阳。北京电影学院将努力借助这次合作,推动现代技术与电影艺术的完美融合,打造一批具有可推广、可示范的应用研究项目,更好地服务杭州经济社会以及中国电影事业的发展。② 该基地定位于影视教育、高精尖影视拍摄和制作基地,计划搭建 10 个摄影棚,包括数字摄影和特技摄影,引入国内外著名影视制作公司入驻,如美国传奇 3D 公司、青年电影制片厂、博纳影业等 10 家公司。还将建设一座 2 万平方米的奇观影像文化体验中心,下设 6 个体验馆,包括虚拟海洋馆、数字演艺馆、奇观影视馆等,利用 AR、VR 等技术手段让游客有互动和体感。该项目将为助推浙江建设"全国影视产业副中心"、杭州打造"国际文化创意中心"起示范引领作用。

　　目前来看,杭州市的影视产业园区发展态势良好,功能涵盖齐全,老牌产业园区发展依旧迅猛,新晋园区也逐渐走上正轨。未来,要发挥各园区的优势,加强合作交流,增强规模效应。

---

　　① 华策总部搬到这里? 杭州"影视新硅谷"又有大动作[EB/OL].浙江新闻,2017-12-26；https://zj.zjol.com.cn/news.html? id＝836620&from＝timeline.

　　② 北影(杭州)国家级电影产业基地落户富阳[EB/OL].每日商报,2018-10-11；http://hzdaily.hangzhou.com.cn/mrsb/2018/10/11/article_detail_3_20181011A034.html.

三、新兴技术推动产业革新

近年来,数字 CG 合成、3D 技术、数码技术绘景、运动捕捉技术等高科技逐步深入到影视制作领域。从技术层面上看,《微微一笑很倾城》等电视剧的热播是数字技术为影视创作带来的突破与革新的结果。随着数字技术的进一步深化发展,AR/VR、弹幕等新兴技术的探索实践,使得影视产业的互动性得以实现或进一步增强。杭州市依托中国(杭州)人工智能小镇等,以阿里、网易、海康威视、新华三为代表的 IT 产业巨头纷纷抢占数字技术的制高点。在 AR/VR、3D 的硬件、软件、内容平台等领域,涌现出了大批公司,它们分属不同的领域,各具特色。利用先进的数字技术反哺影视产业,将实现杭州影视产业的新突破。

2016 年 3 月,杭州华策影视与北京兰亭数字科技有限公司签署了股权投资框架协议,并将以自有资金 1470 万元人民币向兰亭数字增资。兰亭数字是目前国内顶级 VR/AR 影像内容、直播制作公司,拥有 VR 视频采编播全套体系及解决方案,曾打造多个"中国首部"——如中国首部 VR 电影《活到最后》、中国首部 VRMV《敢不敢》、中国首部 VR 版对战真人秀《荣誉之战》等。近来,随着华策新媒体事业群的发力以及公司全方位链接多种产业的战略步骤,华策影视还计划将 VR 移植到偶像养成、粉丝互动娱乐以及 O2O 旅游等领域,融合打造全新娱乐体验和消费场景。同期,华策影视以自有资金 640 万元向热波科技增资。热波科技主营业务为虚拟现实视频制作出品、虚拟现实内容分发与运营,产品模式包括虚拟现实内容制作和合作出品。华策影视增资热波科技,看重的是其在 VR 内容制作领域的技术优势、市场占有率、未来在 VR 内容版权领域的长远布局及未来与公司的协同效应。

2018 年 4 月,中国 CG 产业创新中心在杭州萧山成立。CG 产业创新中心由中国全流程影视工业化第一品牌"浙江紫桓华韵影视"联合浙江大学创新创业学院共同发起,将进一步完善中国数字影视产业工业化体系,拓展中国数字影视格局,将投资超千万元打造"全亚洲第二大室内全数字动作捕捉摄影棚"①。

随着虚拟现实技术的不断成熟,与影视业的融合成为必然趋势。VR 技术为影视内容带来了新的表现和交互形式,改变影视作品原有的表现手法和叙事方式,未来将进一步推动影视产业革新。

四、国际化发展提升影响力

作为国内影视产业发展的表率,杭州影视产业国际化发展成为未来发展的必然趋势。随着电视剧制作水平不断提高,杭州影视企业出品的一些影视剧逐步走出国门,影视内容产品和服务出口规模不断扩大,出口类型不断丰富,出口市场从东南亚向非洲、中东、欧美等地区不断拓展。出口形式也从单一节目销售发展为海外集成落地,实现了由传统的版权销售向"开时段建频道"的飞跃,如《欢乐颂》在马来西亚、韩国、北美等地电视台的黄金时段播出,《何以笙箫默》在加拿大、美国、韩国等地播出,受到了海外观众的欢迎。

近年来,杭州不断优化"聚资源"能力,建设国际性影视节展交易平台,连续举办五届中国影视艺术创新峰会、三届国际艾美奖半决赛评审、八届华策香港之夜电视节等多场高峰论坛,有力促进了影视行业国际交流与合作。

2017 年 5 月,全球最大影视内容交易品牌——法国戛纳电视节(MIP)牵手杭州,举办首届"MIP CHINA 杭州·国际影视内容高峰论坛"。活动由"一对一业务洽谈"和"专业会议"两个板块构成。数十家国内外顶级影视制作、发行公司,包括美国传媒集团维亚康姆、华纳兄弟、索尼影业等来自 18 个国家和地区的一线影视公司与会。

2017 年 12 月,中国电视剧(网络剧)出口联盟在杭州成立,其依托中国(浙江)影视产业国际合作实验区的平台,搭建国际化影视创作合作平台、影视国际传播交流平台,自主搭建全球范围及"一带一路"沿线国家和地区华语影视联播体,在 Netflix、YouTube、Dailymotion、Viki 等媒体上打造的"华剧场"全球热播,并与欧美影视巨头合作,打造一条扩大出口的"文化丝路"。

---

① 中国 CG 产业创新中心落户信息港[EB/OL]. http://hzdaily.hangzhou.com.cn/hzrb/2018/05/03/article_detail_1_20180503A068.html.

第四节　互动娱乐业

与过去传统的娱乐业不同,当今的娱乐业诞生了一种新型的娱乐方式——互动娱乐业,它更加注重互动性,除了玩家与娱乐内容的互动,还增加了玩家与玩家的互动。此外,还注重用户体验,借助现代数字技术、网络平台等手段增加娱乐内容的临场感和趣味性。

杭州市通过充分整合提升舞蹈、旅游、曲艺、音乐等互动娱乐资源,推动传统娱乐业转型升级,以天鸽互动、宋城演艺、金海岸演艺、浙江大丰实业杭州研究院、网易云音乐、虾米音乐等龙头企业为依托,促进新兴技术在互动娱乐业领域的应用,加强内容创作、传播方式和表现手段等方面的创新,积极促进合作共享,使得杭州互动娱乐业走在全国同类城市前列。

一、知名品牌引领产业发展

杭州互动娱乐业种类繁多,在各自的领域均有所突破。通过龙头企业带领,产业资源得到有效整合,形成了一些知名品牌引领产业发展,为产业不断做大做强打下了坚实的基础。

宋城演艺是中国演艺第一股、全球主题公园集团十强企业之一,以主题公园、旅游演艺为核心竞争力,成功打造了"宋城""千古情"的文化品牌。宋城演艺通过挖掘中国传统文化首创了全民沉浸式体验主题活动"我回大宋",全面推出"我回丝路""我回茶马古道""我回魔法王国""我回二次元"等品牌活动,极大地增强了游客的体验与口碑。目前,宋城演艺的发展领域集中在现场演艺、互联网演艺、旅游休闲等。现场演艺主要是通过"文化＋旅游"的形式以创意活动为驱动,以科技手段为烘托,带动景区效益;互联网演艺依托六间房、灵动时空等应用发展 PC 端娱乐;旅游娱乐是指结合新媒体渠道营销、多维粉丝互动、旅游达人体验等方式,深入优化旅游环节各功能,线上线下联动推广相得益彰。在 2018 中国"互联网＋"数字经济峰会上,宋城演艺荣获"2017 年度互联网＋数字品牌建设奖"。未来,宋城演艺紧跟市场趋势,坚持创新与探索,秉持工匠精神,不断打造优秀产品,实现"文化＋旅游＋科技"的完美结合,为主题公园、舞台表演、网络直播中运用更多科技娱乐内容不断提供创意实现方式。

金海岸演艺大舞台是一种表演形式多元化,文化、娱乐、休闲多功能,介于传统剧场与歌舞娱乐场所之间,以为大多数观众的欣赏能力和消费水平而量身打造"演艺娱乐"为模式,为广大观众制造快乐、愉悦身心为宗旨,以传播快乐文化和丰富广大百姓休闲生活为目的。金海岸演艺丰富了杭州演艺娱乐业的发展,为市民休闲娱乐提供了新渠道。

印象西湖是杭州夜游市场的重要品牌。印象西湖自 2007 年推出,以西湖浓厚的人文历史和秀丽风光为创作源泉,深入挖掘杭州的古老民间传说、神话,重现西湖人文历史的代表性元素,[①]凭借良好的口碑、精彩的演出以及积极主动的营销推广,获得了良好的旅游反响。印象西湖作为一种独特的艺术传播形式,在城市文化旅游资源的形象化传播中日益显现出其不可忽视的作用。

网易云音乐和虾米音乐是杭州音乐娱乐业的代表。网易云音乐以歌单、DJ 节目、社交、地理位置为核心要素,主打发现和分享。与其他音乐 APP 不同,它是一款以音乐为核心的移动互联网社交产品。网易云音乐以"音乐社交"为切入点,向产业链上游延伸,通过歌单、乐评、个性化推荐等特色形成产品上的独家优势,重新定义了移动时代在线音乐产品。《QuestMobile 互联网年度报告》显示,网易云音乐凭借社交、智能推荐、音乐内容的建设,以及 2017 年一系列营销活动,成功吸引用户停留,活跃用户 30 日留存率业内最高,达到 35.6％,拥有超 4 亿用户。[②] 截至 2018 年 9 月,网易云音乐平台入驻独立音乐人总数超过 7 万。[③] 2018 年 10 月,百度和网易云音乐宣布网易云音乐新一轮融资消息,百度领投,双方将建立战略合作伙伴关系,在内容、流量、版权等多维度展开全面深入的合作。除了百度,泛大西洋投资集团、博裕资本也加

---

① 车杰莲.区域旅游资源的形象化传播——以"印象西湖"为例[J]. 新闻研究导刊,2012(7):34—36.

② QuestMobile 发布 2017 年中国移动互联网年度报告[EB/OL].搜狐网,2018-1-22:https://www.sohu.com/a/218292918_99945045.

③ 网易云音乐与众多独立音乐人达成深度合作 平台入驻音乐人超 7 万[EB/OL].百度,2018-9-25:https://baijiahao.baidu.com/s? id=1612568841519135392&wfr=spider&for=pc.

入网易云音乐的融资。虾米音乐是阿里音乐旗下品牌，与网易云音乐同属于互联网音乐头部平台。虾米音乐以文艺青年为主要受众，特别是95后年轻市场。打造AI黑科技、举办校园歌手大赛、品牌跨界合作等一系列方式塑造了虾米音乐的年轻化和科技感的形象。虾米音乐探索和拓宽在线音乐的场景化，将AI引入音乐领域（随心听、听见不同、AI作曲等），为用户带来更为便捷、优质的音乐体验。虾米音乐是最早开发独立音乐人市场的在线音乐平台之一，2017年通过第二季"寻光计划""造作行动"和"Next Level新声势力"等项目，加大对原创音乐的扶持力度。虾米音乐得到阿里大文娱的强大支持，在音乐相关周边衍生品的推出、合作、联动上有着比较优势。[①] 根据移动大数据服务商Quest Mobile公开的2017年度统计数据，虾米音乐的用户活跃率高达25％，人均单日使用时长超过34分钟，最高达到37.99分钟，用户活跃率、人均单日使用时长均领跑在线音乐典型独立APP。[②]

二、科技融合推动产业升级

数字技术和互联网平台为杭州互动娱乐业发展开辟了一个前景广阔的商业发展空间。一方面，数字技术、网络技术提高了互动娱乐产品内容的附加值，有助于提升用户体验，更好地满足消费者的个性化需求。比如基于大数据技术掌握受众的兴趣偏好可以帮助创作者提升内容创作质量，互联网平台通过构建互动共享机制可以提高受众参与度。另一方面，"数字＋""互联网＋"等模式打破了互动娱乐业的壁垒，使更多的资源进入到这个产业领域，包括动漫、游戏等产业，互动娱乐业原有的产业链也拓展到其他相关产业领域，实现了与其他相关产业领域的协同、联动发展，进而提升了产业总体竞争力。

2016年，宋城演艺与美国的一家以虚拟现实技术为业务的科技公司合资，计划打造一个多层次、全方位的大型科技主题公园，其中就包括建造国内

---

① 背靠阿里，坐拥1800万版权，虾米音乐未来的制胜点在哪里？［EB/OL］.搜狐网，2018-3-9：http://www.sohu.com/a/225196671_104421.

② QM2017互联网报告：虾米音乐活跃率、人均播放时长居行业第一［EB/OL］.中国经济网，2018-1-18：http://www.ce.cn/xwzx/gnsz/gdxw/201801/18/t20180118_27785335.shtml.

首座 VR 主题公园。特有的文化特色与科技元素融合,将给游客带来与众不同的体验。在移动音乐领域,虾米音乐发挥自己大数据、云计算、人工智能等方面的优势,将 AI 引入音乐领域,在精准人工智能的算法基础上,以 AI 智能推荐、AI 伴奏、AI 作曲等模式引导用户进行音乐场景化的尝试。

以生产舞台设备著称的大丰实业是国家重点高新技术企业,拥有 400 余项专利,具有舞台机械甲级设计资质、建筑智能化甲级设计资质、装饰装修设计甲级设计资质和机电设备安装一级资质。2018 年,大丰实业获得中国电影电视技术学会科学技术一等奖、第十届"全国文化企业 30 强"提名,并且在 2018 亚运会上,利用高智能设备向全世界展示了"杭州时间"。大丰实业近年来持续加强研发投入,推动演艺装备向智能化、高端化、服务化发展,加快文化演艺装备与数字技术融合。2018 年 8 月,大丰实业携演出目标自动跟踪系统、DAFENG STACON 舞台机械控制系统、超高速多功能弹射小车等多项新技术参加了 2018 PALM 展会。

三、园区平台促进产业集聚

西湖数字娱乐产业园、湘湖演艺小镇、浙江国家音乐产业基地萧山园区等对挖掘互动娱乐业产业潜力,扶持企业发展具有重要意义。

西湖数字娱乐产业园以互联网游戏软件开发、动漫产品制作、网络游戏、手机游戏、手机动漫、彩铃彩信等数字娱乐增值服务为核心,形成了较为完备的产业链结构,已成为"集教育培训、产品研发、创业孵化、天使投资、渠道和国际合作等功能于一体"的数字娱乐产业集聚地。先后获得"浙江省文化产业示范基地""国家数字娱乐产业示范基地""国家高新技术创业服务中心"等荣誉。西湖数字娱乐产业园积极搭建区域数字娱乐技术共享服务平台、数字娱乐产业交流服务平台等,为企业提供高端设备服务、高新技术服务和创新人才培养服务,以促进科技成果转化和创新创业人才培育。

湘湖演艺小镇由演艺创新中心、演艺人才公寓、演艺产业化中心(众创空间)、演播棚和商业配套等组成。小镇依托湘湖风光,以"演艺＋旅游""演艺＋体育""演艺＋科技""演艺＋商务""演艺＋金融"为产业发展导向,挖掘整合产业、文化、旅游等资源,优化空间布局、集聚产业要素、增强服务功能,将逐步发展成以旅游、商务、体育、科技、金融和演艺为重点的六位一体特色小镇。[①] 演艺小镇遵循着"演艺＋"模式推进演艺产业供给侧改革,创造演艺市场新供给,发展演艺新业态,更好满足大众旅游时代游客多样化、多层次的消费新需求。

浙江国家音乐产业基地萧山园区于 2018 年初获批创建,目标是成为长三角乃至全国的音乐科技产业发展中心。园区以钱江世纪城为核心区域,将在杭州国际博览中心打造 2 万平方米的孵化基地,长期规划面积达到 5 万平方米。浙江国家音乐产业基地萧山园区将充分发挥先进互联网技术优势,实现音乐创作、音乐制作、出版、发行、进出口、版权交易、演出交流、教育培训、音乐衍生产品等纵向产业链,与影视广播、动漫游戏、网络娱乐、会展旅游、硬件播放设备、乐器生产等横向产业链的连接,基本形成上下游相互呼应、各环节要素相互支撑的现代音乐产业综合体系。[②]

① 湘湖打造演艺特色小镇 构建完整产业链[EB/OL].浙江特色小镇官网,2018-7-19:http://tsxz. zjol. com. cn/xwdt/201807/t20180719_7814777. shtml.

② 重磅!浙江国家音乐产业基地萧山园区获批,又一"国字号"品牌落地钱江世纪城![EB/OL].百度,2018-1-18:https://baijiahao. baidu. com/s? id＝1589934967492324115&wfr＝spider&for＝pc.

第六章　杭州互联网文化产业重点行业——数字传媒

　　数字传媒是杭州市互联网文化产业的重点行业,近年来,杭州市大力促进传统媒体与新兴媒体融合发展,积极推动杭报集团、杭州文广集团和华数传媒集团等向新型传媒集团转变,目的就是建立立体多样、融合发展的现代传播体系,推动数字传媒业加快发展。该行业主要包括数字电视业、数字报业、新媒体广告业、移动通信媒体业、文化电商业等。

第一节　数字电视业

　　一直以来,电视作为主流媒体,对民众生活产生了极大的影响力。随着数字化进程加快,国内开始对传统电视进行从模拟信号向数字信号的转换。与模拟电视相比,数字电视具有实现信号的双向流通、较强的抗干扰能力、较高的频率利用率、高质量的音画效果以及更强的功能服务等特点。[①] 目前,国内数字电视产业链已经基本成型,并逐渐显露出巨大的商业价值。传统的三点一线产业链(设备、节目、用户)通过数字化技术被改造成以数字电视运营商为核心,内容提供商、设备供应商在内的产业链。一般而言,内容提供商以各大电视台、广电集团为主,运营商指数字电视网络的提供和运营机构,设备供应商则包括机顶盒、数字电视机等的生产厂商。[②]

---

　　①　2017 年中国数字电视产业发展概况及市场前景分析[EB/OL]. 中国产业信息网,2017-7-7:http://www.chyxx.com/industry/201707/539537.html.

　　②　王少刚. 广播电视传媒新形态的探讨[J]. 中国广播电视学刊,2009(4):62—63.

杭州市不断加快资源整合,促进内容与技术融合发展,打造品牌活动、品牌栏目、品牌主持人和品牌频道,不断优化提升广播电视的节目和经营水平。加大对数字化关键技术、专有技术的攻关力度,积极抢占广播电视、通讯及宽带网络三网融合的技术高端。三网融合打破了过去电信和广电独立发展的历史,推动广电、电信业务双向进入,从而推动信息网络基础设施互联互通和资源共享,避免低水平的重复建设,形成适应性广、容易维护、费用低的高速带宽的多媒体基础平台。以互动电视、互联网电视、4G手机流媒体为主线,发展全国性新媒体业务,推动本土传媒集团真正成为以视频业务为核心,多网、多屏、多种内容的服务提供商,进一步提高杭州数字电视业在全国的首位度。

一、行业整体面临竞争压力

数字电视业整体面临较大的竞争压力,特别是有线数字电视业。根据中国有线电视行业发展公报,2018年三季度,有线电视仍是中国居民家庭的主要收视方式,用户总量达到2.27亿,但收视渗透率降至50.78%,环比下降1.57%。[①] 除了收视渗透率下降外,收视时间也出现了下滑。有线数字电视出现的业务下滑问题,源于互联网和新媒体的发展与普及。随着新技术、新媒体、新业态的不断涌现,受众观看视频节目的渠道、方式、平台越来越多元化。有线数字电视的市场空间受到IPTV、OTT TV、手机电视等无线数字电视的挤压。包括有线数字电视、互动电视、网络电视、手机电视等在内的数字电视受到互联网视频网站、直播网站以及微信、微博、新闻网站等新媒体、自媒体渠道平台带来的竞争压力。竞争压力增大是数字电视业面临的行业性问题,有线数字电视与IPTV、OTT TV、手机电视等,数字电视与互联网视频网站、直播网站以及微信、微博、新闻网站等一定程度上存在此消彼长的竞争关系。

杭州市2017年全市有线电视接入户353.02万,其中数字电视313.09万,分别增长1.9%和4.8%。虽然总体上发展情况良好,但行业层面的普遍性问题同样困扰杭州的数字电视业。在三网融合推动下,IPTV、OTT TV、手

---

① 2018年第三季度中国有线电视行业发展公报[EB/OL].搜狐网,2018-11-1:https://www.sohu.com/a/272567548_488920.

机电视等业务用户近年来出现了较大规模的增长,给传统的有线数字电视带来强劲的问题和挑战。IPTV、OTT TV、手机电视等改变了传统电视的收看模式,打破了广播电视的行业垄断。IPTV、OTT TV、手机电视等不受时间甚至地点的局限,互动性更强,除了提供海量的、丰富多彩的电视频道和节目外,还提供点播、直播、娱乐互动等其他功能,提升了用户的观看体验,更好地满足了用户个性化的需求。互联网视频网站、直播网站以及微信、微博、新闻网站等给数字电视业带来的冲击也很大,特别是年轻群体,大量地流向这些新媒体、自媒体渠道平台,导致数字电视的用户数量以及收视时间出现下降趋势。"互联网+"的思路将互联网作为一种新思维、新方式融入传媒行业,产生一些新业态的同时促进了传统传媒的融合与转型。就电视剧来说,电视剧过去一直是电视台收视的重要支柱,是数字电视的核心业务。但现在电视台播出的电视剧在视频网站也可以看,而且视频网站上还有一些在电视台不能看的网络剧、海外电视剧等。近些年,互联网视频网站都在积极抢占内容资源,在电视剧版权购买方面的投入非常大,超越电视台播出影响的热剧频繁出现。就新闻来说,过去新闻节目也是电视台收视率较高的热点节目,但如今很多人都是通过微信、微博、新闻网站等获取新闻信息,导致收看新闻节目的用户变少。未来,数字电视业面临的竞争压力仍将继续,如何获取和保有用户,提供良好的用户体验是关键。

二、业务类型呈多元化趋势

面对严峻的市场竞争压力,数字电视业开始探索多元化的业务发展之路,新型业务层出不穷,推动电视平台向新型多元化的生活、商务服务平台升级。比如通过提供多元化服务,更好地满足用户多方面的娱乐消费需求,为用户带来便利,进而扩大用户规模。或者通过增加新的业务收费渠道,进一步开发和拓展市场,从而提高营收,推动业绩增长。

华数传媒从互动数字电视发展开始起步,目前已形成互动电视、手机电视、互联网电视及互联网视听节目服务等业务领域,搭建了与全国广电网络、三大通信运营商、家电制造商、互联网运营企业合作的四大类市场体系,经营范围覆盖全国。[①] 华数高清交互式机顶盒为用户提供高清直播频道、标/高清电视回放等业务,提供的增值订购业务包括互动-电视剧、互动-电影、互动-娱乐、互动-体育、互动-新闻、3D点播以及直播-证券资讯、直播-收藏天下、直播-环球旅游、直播-天天围棋、直播-中华美食、直播-风云足球等。此外,华数传媒还将丰富的应用聚合在电视上,包括信息查询、消息推送、生活缴费、智能家居控制、智慧社区、养老服务、物业缴费、物业报修等。华数 TV 全网影视提供电影、电视剧、少儿动漫、综艺娱乐、求索纪录片、体育资讯、3D、VR、高清电视直播等在线视频点播直播和下载业务,并同时拥有互联网网站、安卓客户端、WAP 客户端、PC 客户端等多元化渠道平台。多元化的业务提高了用户粘性,提升了用户体验,带动了华数传媒各项业务数据的增长。

杭州文广集团拥有杭州电视台 5 个频道(综合频道、西湖明珠频道、生活频道、影视频道、少儿频道)、杭州人民广播电台 3 个频率(新闻综合频率、西湖之声、交通经济广播)、广播影视周报等 10 家媒体、8 家艺术院团(杭州歌舞团、杭州越剧院、杭州杂技总团、杭州滑稽艺术剧院、杭州话剧团、杭州爱乐乐团等),还拥有杭州文广投资控股有限公司、华数数字电视有限公司、杭州中国国际动漫节会展有限公司、杭州文物公司、杭州电影公司等 30 家控股、参股、全资公司,以及杭州大剧院、西泠书画院、杭州市文化中心等文化事业单位。[②] 杭州网络广播电视视频站葫芦网提供直播、城事、热点、百态、娱乐、社会、生活向导、专题等栏目业务,其中直播业务涵盖综合频道、明珠频道、生活频道、影视频道、少儿频道、文化频道等。

三、资源整合提升服务能力

资源整合是杭州数字电视业发展的重要策略,体现在多个方面,涉及平台、渠道、业务、内容、网络、区域、数据、线上线下以及合作伙伴等。在杭州文广集团和华数传媒两大领军企业的带动下,杭州数字电视业通过资源整合,

---

① IPTV 高速发展有线电视如何突围 有线电视行业 A 股上市公司业绩 PK[EB/OL]. 百度, 2018-1-9:https://baijiahao.baidu.com/s? id=1589019273320450629&wfr=spider&for=pc.

② 杭州文化广播电视集团(杭州文化广播电视集团有限公司)[EB/OL]. 杭州政府门户网站:http://www.hangzhou.gov.cn/col/col810040/.

有效地提升了服务能力,开拓了多元化业务领域,更好地为用户服务,推动了数字电视业的进一步发展。

在多网融合方面。杭州市在数字电视业发展上打造了一条独特的"杭州模式"。一般的地区,电信网络和有线电视网络是分开的,电信网络提供互联网接入服务,有线电视网络提供电视服务,如果用户需要数字互动电视服务,就要对有线电视网络进行"双向改造",使其能够从服务商向用户传输直播信号,从用户向服务商传输点播、互动等信号。而在杭州,华数集团同时拥有杭州 IP 数据城域网和广播电视有线网,仅需对旗下 IP 数据城域网略作改造,利用有线电视网络向用户传输直播信号,利用其 IP 数据城域网网线向服务商"回传"点播、互动信号即可。① 除了电信网络和有线电视网络的融合,华数传媒还率先使用 TVOS 平台,进一步打通与物联网的连接,完成"家庭小脑"与"城市大脑"的对接,既为智慧化运营准备海量丰富的数据资源,也打造了更具活力的智慧家庭服务生态。TVOS 平台试点地区已接入海量视频、亲情通话、云健康、雪亮工程、智慧乡村(社区)、智慧城市等应用,实现了家庭与社区、城市全连接。②

在媒体融合方面。2017 年 5 月,华数传媒建立了国际一流水平的融合媒体播控中心,使直播电视、交互电视、互联网电视、公交地铁电视、户外大屏、手机、PC、新兴家庭智能终端等都融为一体,资源共享、集中播控,全方位满足用户对直播、点播、时移、回看、游戏、大屏购物、VR 虚拟现实等多元化服务需求。以党的十九大宣传报道为例,华数集团充分发挥"融合化新媒体"的传播优势,在华数互动电视、互联网电视、一体机厂商以及华数 TV 网、手机客户端等全平台统一上线十九大专题,形成媒体融合传播矩阵,使每一种媒体都能精准对焦用户、触达用户,最终取得了出色的传播效果。十九大期间,华数各平台会议专题的总点播数 1032 万人次,杭州市有 197 万多个家庭通过互动电视收看点播大会报道。②2018 年 2 月,杭州文广集团融媒体中心全新亮相,融媒体中心设有指挥调度区、会议研判区、编辑记者区和产品展示区等功能区,

---

① 华数集团:有线网整合"杭州模式"推广全浙江[EB/OL].网易新闻,2017-11-19:http://news.163.com/10/0715/10/6BKJC62U00014AED_mobile.html.

② 打造融合化新媒体 华数荣获 2017 年度全市宣文工作"创新奖"[EB/OL].搜狐网,2018-2-11:http://www.sohu.com/a/222230704_286458.

目前融媒体产品包括杭州之家 APP、开吧 APP 等。其中,"杭州之家"APP 整合了文广集团 5 个广播频率,6 个电视频道,数百万小时的优质内容,涵盖了40 余个政务部门和 500 余个服务事项。①

在内容融合方面。华数传媒积极布局内容产业,加强与外部的合作,与全球六大影视公司及香港 TVB、优酷土豆、芒果 TV 等国内外 800 多家内容方达成战略合作伙伴关系,并与美国 Discovery 成立合资公司,进一步发挥平台优势,不断引进优质内容资源。同时,还投资内容生产企业,参与或直接投资影视剧,布局网络文学 IP,扩大平台内容生态链。② 华数 TV 融合了电影、电视剧、动漫、直播、娱乐、资讯、游戏、体育、汽车、宠物、购物等栏目,合作伙伴包括 2345 影视大全、百度视频、360 视频、搜狗视频、浙江卫视、看点啥、六间房秀场等。杭州网络广播电视视频站葫芦网整合了综合频道、明珠频道、生活频道等多频道内容,设有娱乐、社会、城事等众多栏目,合作伙伴包括新蓝网、杭州网、交通 918、汽车电台、华数 TV、96345、太湖明珠、搜房网、河北卫视在线直播、重庆青年报、宁波广电网等。

四、技术改造更新不断推进

杭州数字电视业的发展,离不开技术改造更新的不断推进。通过探索和应用新技术,杭州数字电视业在平台、数据、应用、内容、运营等方面得到不断完善。技术改造更新已成为数字电视业发展的重要驱动力,新技术成为业务多元化发展、多渠道资源整合的重要支撑,获得技术领先优势是应对市场竞争压力的重要手段。近些年,杭州广电集团、华数传媒等在技术改造更新方面的投入都很大,有力地支持了其业务发展和用户开发。

在数字电视终端方面。针对用户对数字电视信号高清化、功能多元化和智能化的发展需求,电视机顶盒产品经历了不断"换代升级"的过程。目前,市场上的电视机顶盒产品变得更轻薄,但提供的功能越来越强大和完善。用

---

① 杭州文广集团融媒体中心全新亮相[EB/OL].搜狐网,2018-2-13:https://www.sohu.com/a/222592446_160905.

② 打造融合化新媒体 华数荣获 2017 年度全市宣文工作"创新奖"[EB/OL].搜狐网,2018-2-11:http://www.sohu.com/a/222230704_286458.

户的选择空间也很大,有不同品牌的电视机顶盒可供选择。

在内容质量方面。基于 3D、VR、4K 等技术,提高电视节目的画面质量,给用户带来更好的观影体验。华数 TV 设有 3D 专区,佩戴 3D 眼镜,即可在家享受 3D 影院特效,包括 3D 电影、3D 动漫、3D 欣赏等。近年来,华数传媒积极布局 VR 和 4K 领域。2017 年 6 月,华数传媒与深圳市佳创视讯技术股份有限公司签署《共同创新试播虚拟现实业务的合作协议》,共同开展"虚拟现实+广播电视"(即"VR+广电")的产业化运营合作。2018 年 8 月,华数互联网电视正式上线真 4K,华数 TV 的 4K 专区中储备了超 900 小时的 4K 影视资源、2000 多集的 4K 剧集、40 档以上的综艺内容,并在索尼电视上与杜比实验室共同合作,提供 Dolby Vision(杜比视界)格式的精选 4K 内容,为用户带来更优质的画面和体验。

在用户数据分析方面。基于大数据技术能更好地支撑用户分析、精准营销以及内容生产。通过汇总海量的用户数据,进行数据挖掘和精细化开发,画好用户画像,有助于实现业务的精准运营,面向用户智能化、个性化、精准化推送内容,提升用户体验,也有助于制作受用户欢迎的节目作品,根据用户需求动态调整节目内容,更好地迎合用户喜好,提高节目播出效果。华数传媒自主研发的"基于智慧用户图谱技术的精准营销系统",核心技术已获 2 项专利,先后荣获了"CCBN 年度创新奖之产品杰出创新奖""王选新闻科学技术奖""浙江省广播电视科技创新项目金潮奖"等奖项。

在应用创新方面。基于人工智能、物联网技术等,为用户提供更为完善的智慧服务。华数传媒基于 TVOS 智能操作系统,推进智慧家庭、智慧社区和智慧城市的项目开发和应用。比如在智慧家庭的部署上,通过华数的智能机顶盒,用户可以控制主流家庭环境内的家用生活电器,观看电视节目时,可以实时与亲友进行视频通话,通过智慧云健康可以在电视大屏上远程挂号、在线名医问诊等。

第二节　数字报业

与电视业类似,报业在媒介融合的趋势下也面临诸多困境与挑战。困境与挑战既来自行业内部的同质化竞争以及较高的运营成本,也来自新媒体、自媒体造成的竞争压力,大量的受众和广告业务向新媒体、自媒体平台分流;还来自受众阅读习惯的改变,受众已经逐步养成了通过新媒体、自媒体进行阅读的习惯。在此背景下,推动数字报业发展、加强与新媒体融合是报业未来发展的必然趋势。杭州市积极促进传统报业在内容、渠道、平台、经验、管理等方面与新媒体融合发展,并深入实施数字报业战略,坚持内容为王,实现内容产品从可读到可视、从静态到动态、从一维到多维的升级融合,满足多终端传播和用户多种体验的需求。杭州数字报业以杭州日报报业集团、浙报传媒控股集团等为领军企业,正在稳步发展。

一、全面数字化和互联网化

数字化和互联网化是传统报业转型的普遍选择。在新媒体、移动互联网、自媒体等的冲击下,传统报业纷纷转型,将内容搬到互联网或移动互联网上,或是进行媒体产业探索与整合等,然而在多大程度上数字化和互联网化存在差异化的选择。浙报传媒控股集团是传统报业转型发展的先驱,其以市场化为导向,是全面数字化和互联网化的代表。浙报传媒控股集团成立于2002年,前身是浙江日报报业集团。

2017年2月,浙报传媒发布重大资产重组预案,以19.97亿元向浙报控股出售旗下21家报业公司股权(包括《浙江日报》《钱江晚报》在内的新闻传媒类资产)。交易完成后,浙报传媒的主营业务将转变为数字娱乐产业及大数据相关业务,同时更名为"浙数文化"。[①] 根据浙数文化2018年年中财报,浙数文化以"建设国内领先的互联网数字文化产业集团"为目标,全面发展基于互联网的数字文化产业,重点聚焦以优质IP为核心的数字娱乐产业、数字体育产业、"四位一体"的大数据产业等三大板块,同时着力发展电商服务、艺术品服务等具备先发优势的文化产业服务和文化产业投资业务。可以说,浙报传媒进行了全面的转型,由传统报业公司转型为新兴的互联网数字文化企业,这也表明了浙报传媒控股集团放弃新闻发展主攻数字文化

---

① 浙报传媒作价近20亿元 出售浙江日报等21家新闻传媒类资产[EB/OL].新浪网,2017-2-25:http://tech.sina.com.cn/i/2017-02-25/doc-ifyavvsh6631279.shtml.

娱乐的投资运营。2017 年,浙数文化的在线游戏运营业务收入达到 86371 万元,收入比例为 53.67%,利润比例为 71.8%,毛利率为 82.53%,而报刊发行业务收入为 7924.84 万元,收入比例为 4.92%,利润比例为 3.64%,毛利率为 45.57%。

浙数文化的数字娱乐事业群以边锋网络为核心平台,通过内生外延并举的方式继续大力实施在移动化、社交化、区域化方面的转型并取得成效。在努力保持 PC 端棋牌业务稳定发展的基础上,拓展移动端市场,推出了一批具有地方文化特色、符合地方休闲习惯的数字娱乐产品,业务覆盖范围进一步扩大,用户数、营业收入增长明显。数字体育事业群大力推动与以竞技直播为主要业务的战旗直播,和以电竞赛事组办、赛事平台为主要业务的上海浩方的深度融合,充分发挥业内领先的官方资源优势,重点打造国内领先的绿色数字体育产业生态圈。大数据事业群大力推进"四位一体"大数据产业生态圈的发展建设和产业协同,包括"富春云"大数据产业园互联网数据中心、浙江大数据产权交易中心、乌镇"梧桐树+"大数据产业园和大数据产业基金四大板块,同时与华为、阿里云、中国移动浙江杭州分公司等开展合作。文化产业服务及文化投资业务包括淘宝天下公司电商服务、美术拍卖公司文化作品服务等文化综合服务业务,业务持续稳健发展。[①]

杭报集团也积极探索数字化和互联网化转型,2014 年 5 月以成功实现借壳上市为契机,努力打造全国综合实力领先的新型报业集团,采用线上线下联动的 O2O 模式,打造交互式、体验式、共享式的平台,将传统报业"纸"的载体与互联网、移动互联网平台融合发展。

二、打造多样化的产品矩阵

报业企业依托互联网、移动互联网平台,打造多样化的产品矩阵,更好地满足受众多元化、个性化、便利化的阅读需求,给予读者更多的选择空间。多

[①] 浙数文化:2017 年报净利润 16.57 亿 同比增长 170.9%[EB/OL]. 同花顺财经,2018-4-28;http://stock.10jqka.com.cn/20180428/c604616840.shtml.浙数文化:2018 中报净利润 3.06 亿 同比下降 76.81%[EB/OL].同花顺财经,2018-8-10;http://stock.10jqka.com.cn/20180810/c606337920.shtml.

样化的产品矩阵,包括根据特定群体提供针对性产品,比如定位年轻人群体的阅读产品;根据特定功能提供特色领域产品,比如定位财经、健康等领域的阅读产品;根据特定地域提供本地化产品,比如定位某个区县市的阅读产品;在不同的媒介渠道提供产品,在网站、微博、微信、APP 等不同平台提供阅读产品。

浙报传媒控股集团旗下包括传统媒体和新媒体两大产品矩阵。其中传统媒体包括党报系列,浙江日报、共产党员、浙江法制报、党建等;钱江报系列,钱江晚报、宁波城事、浙中城事、今日下沙;九星传媒,乐清日报、海宁日报、柯桥日报、诸暨日报;财经系列,浙商、金融家、贵州财富、藏真等;专业传媒,美术报、浙江老年报、传媒评论、江南等。新媒体包括数字报刊,浙江日报、共产党员、浙江法制报、钱江晚报等 22 种数字报刊;网站,浙报集团官网、浙江在线、爱海宁城市门户、边锋网等 33 家网站;微博,浙江日报、钱江晚报、浙江在线、浙数文化等 26 个微博账号;微信,浙江新闻、钱江晚报、浙江在线、浙数文化、170 俱乐部等 129 个公众号;APP,浙江新闻、浙江 24 小时、爱海宁、东阳依、名医在浙里等 16 个 APP。

《杭州日报》不仅仅是一张"纸",而是通过报、网、机三大平台的深度融合,形成报纸、网络、微博、微信、客户端、户外媒体、会展平台等协同驱动的全媒体矩阵,实现了多屏融合、多端共享的立体传播渠道。《杭州日报》通过汇聚有消费力的社群,以价值观为驱动力,打造集"资讯、兴趣、活动、服务"为一体的产业运营生态闭环,构建全新的商业盈利模式。杭报集团下属整合医务资源、提供养生服务信息的《养生道》栏目,单篇点击量均在"30w＋"。①

杭州市报业企业在多样化的产品矩阵中致力发挥四大优势,促进优质阅读产品的供给,为读者提供高质量服务。一是本土优势,浙报传媒控股集团、杭州日报报业集团等均在杭州本地以及周边地区深耕多年,不仅有一批专业的、充分了解本地情况的新闻工作者,而且也拥有一批忠诚的读者,推出的阅读产品在杭州本地及周边地区有较高的认知度和影响力。二是专业优势,当前网络信息存在过剩、纷繁庞杂的问题,很多阅读信息肤浅、缺乏内涵,通过博人眼球、夸大渲染等方式吸引读者。浙报传媒控股集团、杭州日报报业集

---

① 杭州日报报业集团实现以"蜕"为进的蝶变[EB/OL].人民网,2018-7-10:http://media.peo-ple.com.cn/n1/2018/0710/c40606-30138124.html.

团等依托其专业优势,为读者提供有价值、有深度、内容真实可靠的阅读产品。三是特色优势,针对不同群体的个性化需求,以用户需求为出发点,杭州市报业企业提供有特色的阅读产品,垂直开发读者细分市场,打造一批特色品牌报纸以及版面栏目。四是渠道优势。除了纸质报纸发行渠道外,杭州市报业企业全面打通互联网、移动互联网平台渠道,让读者可以方便地从不同的渠道获取阅读产品。

三、创新新闻报道呈现方式

除了数字化、互联网化转型以及打造多样化的产品矩阵外,报业企业还探索创新新闻报道的呈现方式。传统报业的数字化、互联网化转型不是简单地将纸质载体上的内容照搬至互联网、移动互联网平台,而是需要根据互联网思维、用户产品思维,对内容进行改造、加工甚至定制化生产,提供符合互联网、移动互联网平台传播需要以及用户数字阅读习惯和偏好的阅读产品,将平面报纸转化为更为生动、有趣、并能互动的数字媒体新闻。此外,报业企业在追逐经济利益之外,还是舆论宣传的主要阵地,为更好地传播正面、积极的信息,也需要创新新闻报道的呈现方式,提高新闻舆论的传播力和影响力,更好地为受众所接受,提升传播效果。

以《杭州日报》对党的十九大报道为例,其采用新思维、新技术,创新传播手段和方式,更好地发挥了主流媒体在宣传重大事件中的作用。一是不拘泥传统文本形式,增加图表、视频、评论等形式,提升新闻报道的感染力和可读性。比如《都市快报》的"喜迎十九大·寻找五大发展理念在杭州的生动实践"专栏,专门成立了"地标发现小组"和"地图绘制小组"寻访典型案例、实践样本,与热心读者共同绘制杭州发展地图。在版面呈现上结合绘图、大事记、摄影照片、文字等多种方式,生动详尽而又扎实全面地展示"创新、协调、绿色、开放、共享"理念在杭州的生动实践。再比如推出的《你心中的美好生活是什么》《说出你心中"人民满意的教育"》《厉害了我的国》《杭州人的小目标》《杭州最让你骄傲的地方》等街访视频。二是深耕本土,讲述"接地气"的本地故事。通过鲜活、生动的本地故事,来反映宏大主题,改变时政主题报道僵化、枯燥、单调的状态。比如《富阳日报》推出的"喜迎十九大·农村看变化"系列报道,聚焦基层 19 个村庄,全面回顾过去五年富阳新农村的变化,再比如广泛征集市民拍摄的唯美视频《美丽杭州》。三是应用新兴技术,打造更具现场感的新闻内容。比如推出的 AR 新闻内容,"秀爱杭州"活动在征集到的 500 多张市民生活照片中精选出 10 张,再让视频团队上门拍摄,通过 AR 技术制作成新闻内容。用户打开"杭＋新闻"客户端,通过服务频道的扫一扫功能,对准报纸版面的静态照片,就能看到 AR 形式的"会说话"的照片。再比如 H5 产品《各位党员请注意,有一个神秘箱子等你查收……》,这款 H5 产品讲述了中国共产党的成长史及每届次党代会的时代特征,每个场景通过一只神秘箱子做串联,不断点击进入最终场景后,就会跳出十九大报告中提出的四个论断重要视频。①②

第三节　新媒体广告业

杭州市顺应媒体加速融合、互联网产业迅猛发展的趋势,深度挖掘传统客户的互联网广告投放需求,加快发展互联网广告、数字媒体广告等新兴业态。支持大企业集团实施兼并重组和商业模式创新,致力打造一批具有全国影响力的新媒体广告综合服务运营商。加快建设国家广告产业园,完善技术支撑,强化产业集聚,打造特色鲜明、优势明显的新媒体广告产业集群。

一、广告渠道和形式多元化

传统广告主要以报纸、杂志、电视等为主要的传播渠道,渠道和形式相对较为单一。而在新媒体背景下,广告的渠道和形式越来越多元化,呈现出灵活、多样的特征,打破了传统广告的局限性,在交互性、开放性和及时性方面优势更加突出,广告效果也变得更好。从投放渠道来看,当前常见的新媒体

---

①　王倩,蒋波.一张会"动"的报纸　一个刷爆朋友圈的"电视台"——杭州日报中央厨房聚焦十九大[J].新闻战线,2017(21):21—22.

②　鲁颖.重大主题报道如何创新——以杭州日报报业集团十九大宣传报道为例[J].传媒,2018(4):46—48.

广告投放渠道包括资讯平台,比如今日头条、凤凰新闻等,把广告与新闻信息一起推送给受众;社交平台,比如微信、QQ、微博等,通过推送或者分享等方式在社交场景中将广告推送给受众;生活服务类平台,比如各种购物软件(淘宝、京东等),在受众获取生活服务时推送广告;互动娱乐平台,比如各种游戏、视频网站/APP、直播平台等,在受众进行娱乐消遣时推送广告。可以说,广告可以融入任何互联网、移动互联网的平台中,直接或间接地被推送给受众。从具体形式来看,包括文字、图片、音频、视频、H5 广告、VR 广告等,广告可以以硬广告的形式直接传递品牌、产品、服务等信息,也可以以软广告的形式植入到文学、影视、游戏等产品内容中,让受众不自觉地接受广告信息。相较于传统广告,新媒体广告大多制作更为精良,呈现形式生动、有趣,融入了多元化的元素,避免枯燥乏味,能更好地吸引受众,给受众留下深刻的印象。新媒体广告还打破了传统广告时间和空间的限制,可以通过各种互联网、移动互联网渠道在任何时间、地点传递给受众。

在广告渠道和形式越来越多元化的行业背景下,杭州市的广告公司积极开发多元化的广告渠道和形式,更好地满足广告主的需求,提升广告效果。从杭州新媒体广告业领军型企业思美传媒近些年的广告案例来看,其广告投放的渠道和形式十分丰富,比如该企业为江铃福特新款撼路者做的广告采取了 VR+直播的技术;为 KFC 肯德基做的广告借助肯德基自媒体平台、明星粉丝团平台、具有影响力的段子手,通过新浪微博以及 QQ 平台上 90 后用户的兴趣部落等媒介,采用病毒式移动网站(H5)、创意图片、情景剧场、粉丝团互动、病毒式视频等形式来投放。为综艺节目《十二道锋味》做的广告,采取"娱乐营销、粉丝圈层、口碑打造"相结合的方式,采用的具体渠道与形式包括官方微博/微信(趣味化内容、活动,吸引粉丝网友关注、互动)、新闻媒体(官方发声,Push 推送)、BD 合作(与百度外卖、饿了么等优质资源合作,扩大传播)、视频网站(发布节目精彩花絮预告,合约媒体及时曝光)、朋友圈(圈层扩散节目信息,多维度传递节目信息)等。在节目开播时,采取了霸屏式传播,门户焦点位置、众多主流媒体网站头版头条、多家优质客户端焦点图头条、核心平媒报道、主流视频网站焦点图位置、国内热门APP 开屏、媒体人朋友圈、话题上榜等同时推送报道。

二、分众化传播成大势所趋

受众的分化离散与日益凸显的"碎片化"趋势成为新媒体广告分众化传播的催化剂。受众的碎片化、个性化驱动了新媒体广告采取分众化传播的方式,"窄告"变得越来越常见。"分众"就是对广告受众进行分类,将广告信息精准传递给目标受众。"窄告"是指"窄而告之"的新媒体广告,指的是将广告投放到与广告信息相关的媒体内容周围,同时根据浏览者的偏好、习性、地理位置、访问历史等,有针对性地将广告信息传递给真正感兴趣的目标受众。分众、窄告都促使广告传播变得更有效率,也使得广告的投放效果大大加强。

分众化传播在具体实践中表现为两个方面,一是在制定和实施广告营销方案时,进行细致的目标受众分析。根据目标受众的特点,选择有效的广告投放渠道和方式,以达成预期的传播效果。不同的目标受众媒介使用习惯及偏好存在差异,要让目标受众接收到广告信息,就必须选择对于目标受众来说有效的投放渠道和方式。以思美传媒为例,在为 OPPO 新机发布所做的广告中,思美传媒定位 OPPO 新机的潜在客户为 17—30 岁的青年群体,属于互联网的中高层次用户,具有移动掌门人、新物尝鲜者、疯狂追星族、相对爱读图等特点,故而采用直播元素,通过 PC—无线跨屏互动,吸引用户,直播发布会盛况。在为曼秀雷敦草本美容液面膜做的广告中,因曼秀雷敦草本美容液面膜主打 90 后人群,故而以内容匹配为出发点,选择植入湖南卫视"青春进行时"电视剧《旋风少女 II》,并采取灵活多样的植入方式。具体如剧情中女主为了攒机票出国比赛,化身面膜促销员打工;面膜企业作为剧中"美少女挑战赛"活动赞助商出现;女主收拾东西准备比赛时,旅行箱里不忘放下一盒面膜等。

二是基于大数据技术、AI 技术等,研发和应用更科学、有效的用户画像、智能识别等技术,为广告的精准投放提供技术支撑。新媒体广告的分众化传播要得以实现,其前提是能准确地找到目标受众。这需要依靠用户画像、智能识别等技术。杭州探索文化传媒有限公司是一家客厅大屏生态营销媒体服务商,利用大屏创新互动技术为广告主提供差异化、有竞争力、品效合一的多屏营销整合方案,成为智能电视营销模式创新先驱,其提供的产品包括

OTT 开机广告、OTT 贴片广告、OTT 定制专区广告等。探索传媒积极开发精准广告投放技术,打造出 V＋Match 新一代电视互联网广告生态系统,其中的智能电视用户画像,可以通过先进的 SDK 技术与电视机、电视盒子等终端厂商进行数据对接,梳理不同特征人群的收视时间、地域、年龄学历等人群特征、收视行为,以用户视角识别和记录有关视频使用的行为数据,分析得出有针对性的媒介投放计划。AI 识别技术,可以智能识别视频中的情境、场景、明星人物、物品,关联对应资源广告进行投放,实现用户通过物品识别边看边买的视频场景购物,可大幅提升 CTR,实现直播流转化为商品流,创造流水和利润,创新流量经营模式。

三、产业园推动集聚式发展

杭州市现有两家国家级广告产业园,分别是杭州运河(国家)广告产业园、杭州西湖(国家)广告产业园。当前,平台驱动效应在杭州市广告业发展中的作用越来越凸显,已成为广告产业发展的主要模式。产业园区通过服务平台、便利条件、优惠政策等吸引广告企业(包括新媒体广告企业)入驻,特别是促进了小微广告企业发展,进而有效推动杭州市新媒体广告业集聚发展。

杭州运河(国家)广告产业园于 2012 年 11 月 28 日正式开园,位于京杭大运河拱墅区西岸,园区占地 2.74 平方千米,其中广告产业核心区 45.5 万平方米,集聚了影天印业、博采传媒、盘石科技、缔顺科技和乐富智汇园等一批知名广告企业和广告园中园。在产业规划上,园区坚持以广告产业为引领,做强做大设计制作、营销策划、媒介代理、公关、传播、展览、图文、印刷等产业,拉长产业链,促进产业集聚;坚持功能带动、产业集聚的发展模式,鼓励发展信息软件、电子商务产业,引导广告龙头企业向园区集聚,推动高新企业和广告创意企业融合。同时,优惠的政府扶持政策帮助建立一系列高端要素平台,助力广告企业成长。财政部、国家工商总局每年安排专项资金,用于园区建设和广告产业发展,重点支持园区广告企业发展,对新注册或迁入杭州运河(国家)广告产业园的,最高给予地方财政贡献 80％的奖励,三年的房租补贴;对首次获得各级名牌产品及驰名商标、著名商标的广告企业,获得各类国际及国内奖项的广告企业、广告人及作品给予相应奖励;广告行业企业领军人才和创业团队的创业项目符合拱墅区"5100"计划的,还可获得最高 500 万元的创业启动资金和 100 万元的安家费;此外,还设立广告产业创业风险池解决轻资产广告企业融资难问题,建设公共服务平台和公益性项目节约广告企业创作运营成本,引进一些国际品牌活动扩大产业园区知名度和影响力。[①] 2016 年,杭州运河(国家)广告产业园实现广告及其关联产业经营额 116.2 亿元,占了拱墅区文化产业总产出的半壁江山。[②] 一期工程——广告产业大厦,截至 2016 年 12 月份有 71 家企业入驻,企业以广告文创为主,兼有电子商务、信息软件。企业集聚度高达 92%,入驻企业包括杭州米络科技有限公司、杭州探索文化传媒有限公司、杭州及时沟通广告有限公司等园区龙头企业。2015 年,广告产业大厦企业纳税 9817 万元。[③]

杭州西湖(国家)广告产业园于 2012 年 11 月 28 日开园,位于市中心西北区三墩西侧,留祥路北侧,西至杭州绕城公路西北线,北邻宣杭铁路和规划中的运河通道,园区占地 1.3 平方千米,总建筑面积约 106.8 万平方米,总投资约 126 亿元,目标是打造一个"龙头广告企业集聚、产业园区功能齐全、跨行业跨领域深度合作、产业发展新模式积极探索、国际视野与前沿引领并肩、社会效益与经济效益兼顾"的广告产业园。产业规划中,园区将以数字媒体和互联网广告产业为发展重点,着力引进广告创意、广告策划、广告设计等高附加值的产业链环节,通过平台式集聚、集群化发展、专业化服务,致力于打造全新的广告产业生态集群,织造国内国际的广告产业资源网络,并以更快的产业升级和创新能力,有效整合各方资源,重点打造广告企业集群平台、广告发布平台、广告投融资平台、广告产业智库平台、广告拍摄平台、国际广告展览中心、广告产业云服务平台、广告产业教育实训平台、广告产业孵化加速平台、公共服务平台十大产业功能平台。为吸引更多优质广告企业入园,园区对入驻企业提供优惠的政策扶持,量身定制了《杭州西湖广告产业园区政策

①　杭州运河(国家)广告产业园隆重开园[EB/OL].杭州政府网,2012-11-28:http://www.hangzhou.gov.cn/art/2012/11/28/art_812266_183087.html.

②　2017 年浙江省广告实际经营额突破 1000 亿元[EB/OL].人民网,2018-1-24:http://zj.people.com.cn/n2/2018/0124/c186327-31178750-3.html.

③　运河广告产业大厦[EB/OL].拱墅区文化创意产业网,2016-12-22:http://yhtd.gongshu.gov.cn/art/2016/12/22/art_1252969_4667353.html.

扶持意见》,并提供优质的公共配套服务、产业平台服务、物业管理服务。① 已建成园区云计算服务平台、园区公共拍摄平台、园区数字制作中心等公共服务平台,已入驻了广桥集客(奇虎 360 搜索杭州营销服务中心)、和于道广告、上海城际通用航空、海腾广告等注册资金超千万的龙头广告企业。② 2016 年,杭州西湖(国家)广告产业园实现广告经营额 5.1 亿元,占西湖区广告产业经营额的 35%。③

---

① 杭州西湖(国家)广告产业园区美丽绽放[EB/OL]. 杭州政府网,2012-11-27:http://www.hangzhou. gov. cn/art/2012/11/27/art_812264_225717. html.

② 杭州西湖广告产业园区[EB/OL]. 西湖文创,2014-9-26:http://iptvlm. zjol. com. cn/05iptvlm/system/2014/09/26/020277434. shtml.

③ 2017 年浙江省广告实际经营额突破 1000 亿元[EB/OL]. 人民网,2018-1-24:http://zj. people. com. cn/n2/2018/0124/c186327-31178750-3. html.

第七章 杭州互联网文化产业重点行业——数字出版

　　数字出版是以现代数字技术为支撑,面向互联网、手机、电子书阅读器等其他移动终端提供数字阅读产品的产业形态。杭州市数字出版业也走在全国前列,拥有全国第三个国家级数字出版产业基地——杭州数字出版基地,集聚数字出版企业近 200 家,实现营收 80 多亿元。杭州依托国家数字出版基地建设,实施大项目带动,完善产业链条,促进集群发展,形成数字出版产业发展新优势。数字出版业主要包括数字阅读业、数字印刷业、网络文学业等。

第一节 数字阅读业

　　数字阅读业是数字出版业的重要细分领域。数字阅读指的是阅读的数字化,既包括阅读对象的数字化,如电子书、网络小说,也包括阅读方式的数字化,即阅读载体、终端不再是纸张,而是互联网、手机、电子书阅读器等。杭州市数字阅读业整体业态良好,自 2016 年中国十大数字城市评比开始以来,杭州已经连续三次"榜上有名",且名次不断上升。2017 年,杭州城市数字阅读指数 72.6,其中包括渗透率得分 77.5,图书浏览人均 PV(月均)得分 56.5,ARPU(月均)得分 54.8,人均阅读天数(每月)得分 93.4,人均在读数字图书本数(每月)得分 66.8,位于全国第四。

　　总体而言,杭州市数字阅读业发展迅速,多家国内顶尖数字阅读企业坐落杭州。同时,杭州拥有良好的数字阅读平台及互联网技术支撑,进一步推动了数字阅读业发展,促进其形成良好的经济和社会效应。

一、领军企业打造行业优势

中国音像与数字出版协会发布的《2017 年度中国数字阅读白皮书》显示（如图 7-1、7-2 所示），近年来数字阅读发展迅速，2017 年中国数字阅读市场规模达到了 152 亿元，增长 26.7％，数字阅读用户接近 4 亿人。

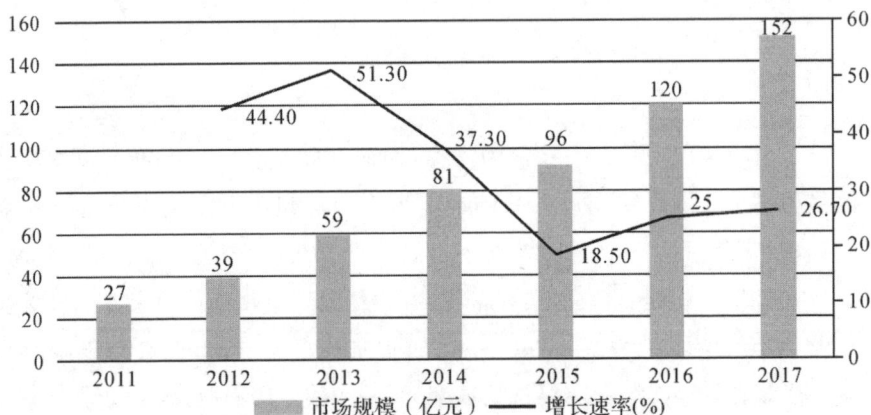

图 7-1　2011—2017 中国数字阅读市场规模

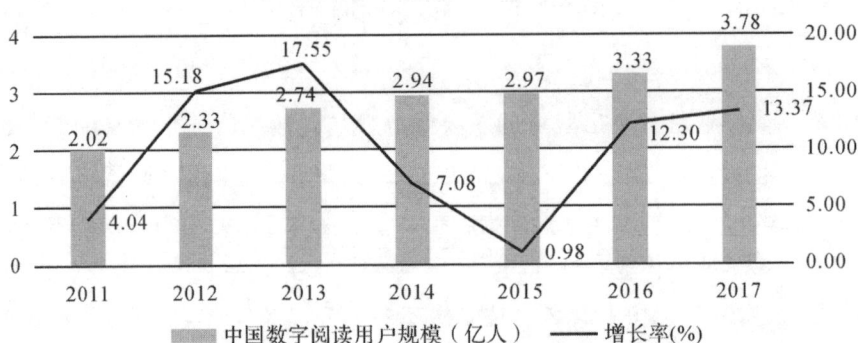

图 7-2　2011—2017 中国数字阅读用户规模及增长率

在此背景下，杭州市积极顺应数字阅读迅速发展的趋势，进一步强化内容库建设，积极推进技术、产品、服务和商业模式创新，做大做强数字阅读产业，带动网络文学、出版发行、游戏开发、影视制作、数字期刊、学习教育、数字音乐以及衍生产品开发生产等相关行业发展。借助中国移动手机阅读基地、中国电信天翼手机阅读基地以及中国移动、中国电信产业园的行业地位与优势,打造数字阅读产业集聚区。

咪咕数字传媒有限公司(简称为咪咕数媒)是杭州发展较早的数字阅读品牌,其前身为中国移动手机阅读基地,于 2009 年启动建设,于 2014 年完成公司化转型。它是中国移动旗下开展全媒出版、人工智能、富媒体手机报业务的专业互联网公司。咪咕数媒建立了以咪咕阅读、咪咕灵犀、手机报为核心的三大产品体系。其中,咪咕阅读是一款集阅读、互动多种功能于一体的全能性阅读器软件,拥有出版图书、原创小说、杂志漫画、听书等多种内容形态。灵犀语音助手是普通话综合识别率最高的智能语音软件,手机报则主要依托于母公司中国移动,通过短信向用户定时发送相关报刊内容。截至 2017 年底,咪咕数媒实现行业价值 51 亿元,旗下咪咕阅读业务平台汇聚了超 50 万册精品正版图书内容,全国用户数超过 1.9 亿,全场景月活用户数 1.1 亿,已在全国 200 多个城市举办超过 1000 场名家活动,合作媒体超过 300 家,手机报品类达 200 余种。

天翼阅读文化传播有限公司(简称为天翼文化)与咪咕数媒类似,是一家深耕数字出版行业的互联网文化传媒公司,前身为成立于 2010 年的中国电信数字阅读基地,于 2012 年 8 月公司化改制成功,成为中国通信运营商中第一家数字出版文化公司。天翼文化提供“三屏双媒”的数字阅读产品服务,建成了可以多屏无缝连续阅读的一站式超大规模数字阅读平台,推出了“天翼阅读”“氧气听书”“智慧云书院”“阿尔法文学”四大品牌。其中天翼阅读为数字阅读软件;氧气听书为听书软件;智慧云书院则主要面向政府及企业等机构客户,提供一站式阅读解决方案;阿尔法文学是一家集正版精品书籍、优质作家、权威影视游戏合作方的综合性平台。截至 2017 年 7 月,天翼阅读拥有超 35 万册数字阅读内容,涵盖图书、杂志、漫画、资讯等海量正版作品,拥有 200 余家内容合作伙伴,注册用户已经突破 2.7 亿。氧气听书覆盖全国 1000 多家广播电台,拥有 100 余家内容合作伙伴,超 30 万小时的内容,8 万部作品。

依托杭州独特的互联网经济和文化资源优势,在咪咕数媒、天翼文化两大领军企业的带动下,杭州数字阅读业发展迅速,进而形成了数字阅读领域的行业优势。

二、高端平台助推产业发展

　　杭州国家数字出版基地是全国首家以"市"为单位成立的国家级数字出版基地,包括中国移动手机出版园区、中国电信手机出版园区、人民书店数字出版园区、杭报数字出版园区、华数数字出版园区、数字娱乐出版园区、滨江动漫出版园区、滨江数字出版核心园区等八个功能园区。2015 年 3 月,新增杭州国家数字出版基地上城园区。目前杭州国家数字出版基地已初步形成了以城市为单位、数字出版核心园区和数大功能园区组团式发展,市、县(区)联动的良好格局。国家数字出版基地已聚集一批代表性数字出版企业,如咪咕数媒、天翼文化、华云数字科技、浙江大学出版社等,发展特色包括一基地多园区,园区带动产业,差异化的园区建设,多元化的园区结构等。[①] 2017 年,杭州国家数字出版产业基地产值超百亿元,获全国新闻出版产业基地(园区)工作优秀基地称号。市文广新局联合市文创办等部门与杭州银行合作成立"数字出版贷"风险补偿金,将在三年内为数字出版企业提供总额不低于 3 亿元的贷款。成功引进风投资金,至 2017 年年末,共募集资金 5 亿元人民币,已向 10 余家企业投入资金 1.2 亿元。[②]

　　国内数字阅读领域国家级、综合性行业大会"中国数字阅读大会"自 2015 年首届大会成功举办后,永久落户杭州,成为杭州市推动数字阅读业发展的重要助力。中国数字阅读大会不仅集聚了行业领域的大咖、权威,汇集了国内知名数字阅读企业共谋数字阅读业的未来发展之路,而且为数字阅读业的产业链上下游企业与机构提供了互动、交流的平台。至 2018 年,"中国数字阅读大会"已举办四届,主题分别为"融合·创新·梦想""创新·共享·绿色""新阅听·新梦想"和"新时代·新阅读·新向往"。每一届数字阅读大会都对杭州乃至全国数字阅读业发展起到了重要的推动作用。

　　2018 年 4 月 13 日,第四届中国数字阅读大会在杭州举行,以"新时代·

---

　　① 国家数字出版产业基地[EB/OL].杭州文化创意产业办公室,2015-12-4:http://www.0571ci.gov.cn/article.php? n_id=6203.

　　② 杭州国家数字出版产业基地产值突破百亿元[EB/OL].杭州政府网,2018-1-18:http://www.hangzhou.gov.cn/art/2018/1/18/art_1256302_15256067.html.

新阅读·新向往"为主题,旨在联合产业合作伙伴,以满足人民群众精神文化需求为出发点和落脚点,通过将行业趋势论坛与丰富阅读活动相结合,搭建政府、行业与用户互联互通的交流平台,推动数字阅读产业成果转化、提升全民阅读水平及质量,推进国家文化软实力和中华文化影响力的提升。来自数字出版、文化产业和互联网新媒体相关企业的近 1200 位精英共襄盛会,大会从行业纵深、转型发展、跨界合作等方面全方位展现数字阅读领域的巨大潜能。这是一次数字阅读领域的高层次交流盛会,为观众呈现了一场人文与科技交融的思想盛宴。大会上,《2017 年度中国数字阅读白皮书》重磅发布,"悦读中国"年度奖项评选揭晓,"全国移动阅读电子书格式标准联盟"正式成立,大会还正式启动了 2018 悦读中国年。①

　　大会期间举办了 8 场主题峰会,分别由中国作协网络文学研究院、浙江省作协、咪咕数媒、中青社、科大讯飞、浙大社、浙版集团、天翼文化、联通沃阅读、中阅互娱等行业协会及知名企业单位承办,充分汇聚了专业力量。峰会主题涵盖网络文学发展、出版融合、人工智能、企业阅读、互联网内容、泛阅读、图书馆融合发展、青年文化等前沿热点问题,旨在推动创新性发展,促进创造性转化。

　　除 8 场主题峰会外,本届大会首次举办 IP 版权峰会。峰会以"开启 IP 精品化运营新征程"为主题,通过主题演讲、圆桌论坛、榜单发布、项目推介等形式,集中探讨网络文学的精品化打造、IP 题材的新风向、IP 数据与内容价值等话题。②

三、技术引领推动行业升级

　　数字阅读本身是信息技术发展的产物,不断迭代更新的信息技术促进了数字阅读业的进一步发展。数字阅读业经历了数字化、移动化、智能化的发展历程,从纸质阅读到数字阅读,到移动阅读,再到智能创作、场景沉浸、千人

---

　　①　第四届中国数字阅读大会举行 数字阅读青年用户超 2.8 亿[EB/OL].百度,2018-4-14:https://baijiahao.baidu.com/s?id=1597687782381897240&wfr=spider&for=pc.

　　②　2018 中国数字阅读大会在杭州举行[EB/OL].中国新闻出版广电网,2018-4-16:https://www.chinaxwcb.com/info/112362.

千面等,技术进步引领着数字阅读业不断创造出新的可能性。从技术发展来看,可能性有三。一是智能推荐,基于大数据、AI 等技术,收集用户性别、年龄、阅读习惯、阅读偏好等信息,向用户精准地推送数字阅读内容,满足用户个性化、多元化的阅读需求,为用户提供定制化服务,推动用户阅读与消费;二是沉浸式体验,基于智能语音、AR/VR、MR 技术等,为用户提供更便利化的、互动性更强、体验感更好的阅读产品,提升用户阅读体验;三是智能创作,基于 AI 技术,从受众需求出发,协助作者创作数字阅读内容,生产受到市场、读者欢迎的数字阅读内容。

咪咕数媒是数字阅读业技术创新的典范。咪咕数媒通过与科大讯飞的合作,实现了数字阅读与人工智能语音识别的成功融合。咪咕灵犀是咪咕数媒与科大讯飞联合推出的首个移动互联网产品。通过该软件,用户可以用语音操控手机,如拨电话、打开应用等,该软件还可以提供语音翻译、快递查询、订车票、查话费流量等生活服务。灵犀语音助手同时联通咪咕旗下泛娱乐产业,用户可以在咪咕的平台上进行听音乐、听笑话、听新闻、看小说、看视频等娱乐活动。除此之外,随着有声阅读的发展,咪咕数媒还联合科大讯飞,用先进的智能语音技术,推动阅读智能化。咪咕阅读的"看听结合"功能运用了全球最先进的 tts 智能语音技术,提供听书功能,帮助用户解放双眼。咪咕阅读全站图书都可以使用"看听结合"的功能,并有多种真人声音供读者选择。[1]2018 年初,咪咕与科大讯飞联合发布了全球首款全语音人工智能耳机莫比斯(Mobius),它聚合了语音操控、中英翻译、心率监测、健身指导、日程管理、出行导航、路线规划、音乐听书等完整的一站式生活服务体系,有望引领人工智能设备风潮。[2]

---

[1] 第四届中国数字阅读大会即将召开,咪咕阅读火力全开助力全民阅读[EB/OL]. 凤凰网,2018-4-11:http://ah.ifeng.com/a/20180411/6496093_0.shtml.

[2] 新技术助推数字阅读发展成效突出[EB/OL]. 新华网,2018-8-1:http://www.xinhuanet.com/culture/2018-08/01/c_1123205299.htm.

第二节　数字印刷业

数字印刷主要利用特殊的技术和工艺将数字化信息记录在某种介质上，从而形成数字印刷技术。[①] 数字印刷系统主要由印前系统和数字印刷机组成，有的还配备装订和裁切设备，传统印刷分色、拼版、制版、试车等步骤在数字印刷中不复存在，数字印刷是按需印刷、无版印刷、无压印刷，在速度、效率、纸张适用范围等方面优于传统印刷。[②]

杭州市积极抢抓绿色印刷发展机遇，推进印刷高新技术企业认证工作，以数字印刷、数字化工作流程、制版技术与数字化管理系统为重点，积极推广数字化技术应用，促进行业转型升级，进一步巩固杭州印刷业在长三角地区的领先地位。

一、绿色印刷成为发展契机

传统印刷造成的环境污染较为突出，在制版的过程中会使用大量原料，也会产生大量具有超强污染性的废液，同时印刷产品本身在使用完后也会变成为污染物。近些年，随着对生态环境重视程度的提高，很多污染严重的印刷厂被责令整治甚至关闭。在此背景下，从中央到地方都积极推进绿色印刷，采取环保油墨、循环纸张、免处理制版等环保材料和工艺，减少印刷过程中产生的污染，节约资源和能源，印刷品废弃后实现回收再利用再循环、可自然降解，减少对生态环境的影响，特别是加强 VOCs 治理投入。《国家"十三五"时期文化发展改革规划纲要》提出，"支持发展绿色印刷、纳米印刷"。《印刷业"十三五"时期发展规划》提出"'十三五'期间，印刷业绿色化、数字化、智能化、融合化水平显著提高，并成为新的增长引擎。到'十三五'期末，绿色印刷产值占印刷总产值的比重超过 25％，数字印刷的年复合增长率超过 30％，智能印刷逐步推广，培育建设一批国家级创新研发中心"。

---

① 付方敏.数字印刷的发展与前景[J].科技传播,2018(10):162—163.
② 牛洁颖,卢运霞.浅谈数字印刷在图书出版中的应用[J].今日印刷,2014(6):35—37.

为贯彻落实中央的方针政策,杭州市大力实施和推动印刷业绿色化转型,提升产业绿色发展水平。杭州市在推动印刷业绿色化转型过程中,积极发挥印刷行业主管部门和行业协会的积极作用,具体方式包括广泛宣传国家环保政策、开设全市 VOC 治理培训班、带领印刷企业调研参观绿色印刷典型企业等。据不完全统计,杭州 40％的印刷企业已安装了 VOC 处理装置,还有不少企业聘请了浙江省环科院的专家设计治理方案。[1] 截至 2018 年 5 月,杭州《中国环境标志产品认证证书》获证印刷企业达到 31 家,包括杭州日报盛元印务有限公司、浙江新华数码印务有限公司、杭州长命印刷有限公司、杭州富春印务有限公司、杭州钱江彩色印务有限公司等。

印刷业绿色化转型是数字印刷发展的重要契机。相较于传统印刷,数字印刷省略了制版环节,相对高效便捷,节能环保。制版环境产生的污染不复存在,通过定制化、小批量印刷,能够减少不必要的浪费,从而减少油墨、纸张的使用以及后续造成的环境污染。推动数字印刷,是印刷业绿色化转型的重要路径之一。当然,数字印刷本身也存在污染问题,需要印刷技术和工艺的进一步改进和完善,才能提高绿色环保水平。

二、产业转型升级持续推进

数据显示,近些年印刷市场产值总体增速放缓,但数字印刷市场产值增速加快,占比逐年增多,从 2014 年首次突破 1％,到 2016 年达到 3％。根据科印传媒《数字印刷在中国装机量调查报告》,近年来数字印刷机装机量的增量都在千台以上,其中高端彩色数字印刷增长较快。[2] 从印刷技术来看,印刷工艺和印刷水平不断提高,从传统工艺印刷到半数字化印刷,到完全数字化印刷,新的印刷设备及手段不断更新、完善,未来数字印刷技术将更为自动化、智能化,如前沿领域纳米印刷、3D 印刷等。总体而言,印刷业的产业结构正在不断优化,处于转型升级的过程。数字印刷占印刷业总体的比重逐年增长,数字印刷业中高端数字印刷比重也在不断提高,传统印刷正在被新兴的数字印刷逐渐取代。当然,采取传统印刷技术的企业仍大量存在,数字印刷因平

---

① 陆建华.杭州超 40％印企安装 VOC 治理装置践行绿色印刷[J].广东印刷,2018(1):14.

② 陈彦.中国数字印刷发展与展望[J].印刷技术,2018(6):6—9.

均成本较高以及印刷设备、印刷油墨等问题也面临诸多发展阻碍,印刷业的转型升级之路还需要不断地探索和前行。

在此背景下,杭州市数字印刷业近些年发展迅速,产业转型升级持续推进。在盛元印务、新华数码印务、富春印务等龙头印刷企业的带领下,印刷业数字化转型不断得到推进,数字印刷业规模不断扩大。

盛元印务的数字化转型是印刷企业数字化转型的成功典范,其将报业印刷与数字印刷创新融合,通过印刷方式的多元化和市场地域扩大化来拓展自身发展空间,不仅从报业印刷向商业印刷拓展,而且积极渗透数字印刷领域,已经形成了报业、商业、数字印刷三路并举的格局。盛元印务在从报业印刷向商业印刷、数字印刷转型过程中,依托自身专业技术骨干的经验与高校专家团队的多年研究成果,建立了统一的平台标准,实现多样化的高品质印刷。盛元印务还通过自动化程度高的检测设备在提升品质水平与可靠性的基础上缩短了矫正准备的时间,节约了纸张成本,也降低了对实际作业人员技术水平和时间的要求,从而降低了人力成本。同时,盛元印务在向全国拓展业务的过程中,建立了远程数据中心式的色彩管理平台,构建数据管理和分享的解决方案,保证各地的产品质量与生产效率。[①]

除了印刷企业数字化转型发展之外,杭州还以"移动印刷电子商务平台"等项目为抓手,积极引导扶持印刷电子商务网站建设,拓展印刷企业转型通道,抢占国内印刷电子商务市场。

2016 年 12 月,浙江数字出版印刷大楼在杭州举行项目启动仪式。浙江数字出版印刷大楼项目建筑面积约 12 万平方米,概算总投资 7.11 亿元(不含土地费用)。项目建成后,将成为以信息技术为手段,以电子书、报刊等为主要产品形式,以互联网、手机等为传播渠道,以按需、个性化数码印刷为生产加工方式的全省乃至全国重要的数字出版印刷生产基地之一,推动传统出版印刷与数字出版印刷融合发展。[②]

---

① 董雷.报业印刷与数字印刷的创新融合之路——杭州日报集团盛元印务的数字化转型[J].印刷杂志,2012(12):22—24.

② 李月红.浙江数字出版印刷大楼项目启动[N].浙江日报,2016-12-27.

三、消费升级促进市场拓展

相较于传统印刷,数字印刷无需输出印版和胶片,全过程通过数字化、科技化手段得以实现,印刷周期较短,相对快捷灵活,可以实现一本起印,适用于小批量、定制化的印刷业务,同时通过互联网等信息技术,打破时间和空间的限制,能够随时随地对原稿信息进行制作、传输以及修改,数字印刷的优势正被越来越多的企业和用户接受,应用领域不断拓展,从传统印刷领域逐渐向其他应用领域延伸。随着数字印刷技术的进一步更新和发展,数字印刷的市场应用前景十分广阔。根据《2017"数字印刷在中国"数字印刷装机量调查报告》,数字印刷的应用市场已从商业快印领域,快速扩大到机关文印、出版印刷、标签包装及金融、邮政、电信等领域。①

消费升级为数字印刷带来了新的市场空间和机会。在消费升级的背景下,消费者不再满足于商品的使用价值,而是对商品提出了更多、更高的诉求,包括个性、美感、体验等。产品包装不单单是产品包装,更是宣扬品牌个性、连接产品与消费者的桥梁,这就要求每一个产品包装都是独一无二的。此外,在产品品种增多、单品销售数量下降的背景下,控制库存、按需生产,同时提高印刷效率、缩短印刷周期的小批量快速印刷某种程度上成为一种趋势。数字印刷具有个性化、定制化、多样化、灵活性等特点,强调根据用户需求,包括时间、地点、数量、成本等需求,为用户提供印刷服务。数字印刷是适应消费升级时代的印刷技术。以阿里的淘宝、天猫为例,在网站进行产品检索,可以发现有大量定制印刷品,包括纪念册、海报、宣传单、宣传册、彩页广告、画册、书册、请柬等产品。这些产品不少是一本起印,大多需要加入个性化的元素。再比如一些高附加值的限量版和珍藏版产品,产品内容、功能没有改变,但包装融入了创意设计元素,包装焕然一新,消费者愿意为此给出更高的支付价格。

在消费升级促进市场拓展的背景下,杭州市涌现出一批数字印刷连锁企业,这些企业提供个性化按需印刷产品和服务,如杭州恒晟图文、杭州真彩图

---

① 陈峰.数字印刷技术的发展及与传统印刷的差异分析[J].传播力研究,2018(8):115.

文等。恒晟图文(杭州)有限公司创立于1998年12月,是一家集制作、输出、商业短版快印为一体的新型文件处理商,是国内知名度较高的数码印刷连锁企业,目前在全国拥有近百家数码印刷连锁门店,提供名片、折页传单、样本册子、台历挂历、写真喷绘等定制化数字印刷产品与服务。杭州真彩图文制作有限公司成立于1998年,是一家集制作、输出、商业短版快印为一体的新型文件供应商,是目前业内较具规模的专业数码图文处理公司之一,提供会议资料商务快印、文本汇编、培训资料及各类手册按需印刷,展览会、商业展示海报写真装裱、企业宣传册按需印刷、样书印装按需印刷、行业标书印装、个人作品集按需印刷等产品和服务。

第三节　网络文学业

近年来,网络文学发展迅猛,展现出蓬勃的生命力。根据中国音像与数字出版协会发布的《2017中国网络文学发展报告》,截至2017年,各类网络文学作品累计高达1647万部(种),较2016年新增234万部(种),同比增长16.5%。其中签约作品达132.7万部(种),年新增签约作品22万部(种)。国内45家重点网络文学网站主站创作者已达1400万,签约量达68万,其中47%为全职作者。2017年网络文学市场营收规模129.2亿元,同比增长35.1%,数年高于数字内容平均增速,社会影响力持续攀升。到2018年,全国的网络文学读者规模已经突破4亿,人均消费30.9元。[①]

杭州市网络文学业发展有着独特的优势与特点,被誉为"网络文学之都",不仅有强大的作家团队,涌现出了一批影响力大、粉丝众多的网络文学作品,而且重视加强平台建设,通过积极引导,助力网络文学业发展。在此基础上,网络文学IP开发产业链不断健全完善,创造了巨大的产值。

---

① 2017中国网络文学发展报告:网络文学渐成燎原之势[EB/OL].搜狐网,2018-10-25:http://www.sohu.com/a/271264400_455313.

一、知名作家集聚效应明显

浙江网络文学发展迅猛,盛大文学曾对旗下的起点中文网、晋江文学城、榕树下等七家网站注册 IP 地址进行统计,110 万 IP 地址中,有 11 万在浙江。[①] 浙江活跃的网络作家有 1000 多人,大部分分布在杭州,人数居浙江省首位;浙江约有 20 位在全国具有重大影响力的一流网络作家,杭州占了 10 人以上;2016 年中国网络作家富豪榜前 10 名,就有两人(烽火戏诸侯、天蚕土豆)常住杭州。[②] 杭州网络文学在全国居于领先地位,集聚了一批在国内具有较高知名度和影响力的主流网络作家。

杭州知名的网络作家有南派三叔、烽火戏诸侯、天蚕土豆、曹昇、燕垒生、管平潮、桐华等,他们的作品蜚声国内乃至海外。这些网络作家有的定居于杭州,有的在杭州建有工作室。他们各自具有鲜明的创作风格,覆盖了网络文学的主要类型,并且是这些类型中的领衔者和代表者,受到了社会的广泛关注和读者粉丝的喜爱。例如,南派三叔领衔盗墓类,代表作为《盗墓笔记》《沙海》《藏海花》;天蚕土豆领衔玄幻类,代表作为《斗罗大陆》《绝世唐门》《斗破苍穹》;蒋胜男代表女性历史类,代表作为《芈月传》《凤霸九天》;沧月领衔女性武侠和玄幻类,代表作为《羽》《镜》《听雪楼》;管平潮领衔仙侠类,代表作为《仙剑奇侠传》《血歌行》《九州牧云录》等;其他如烽火戏诸侯代表作为《陈二狗的妖孽人生》《天神下凡》《雪中悍刀行》《剑来》;猫腻代表作为《庆余年》《择天记》《将夜》;蝴蝶蓝代表作为《全职高手》《独闯天涯》等。

杭州的网络作家有的活跃在起点中文网、晋江文学网、纵横中文网、创世中文网等文学网站,部分向出版端、影视编剧、文化公司和文化资本操作者转型升级。[②] 南派三叔的《盗墓笔记》《沙海》,蒋胜男的《芈月传》,管平潮的《仙剑奇侠传》,天蚕土豆的《斗破苍穹》等都有非常多的读者粉丝追捧,不仅图书发行量庞大,长居畅销书榜单,而且改编的电视剧、电影、游戏等也取得了巨大的成功和良好的市场反馈。

---

① 陆健. 网络文学"浙江现象"解析[N]. 光明日报,2017-4-20.
② 解码网络文学的"杭州现象"是如何炼成的[EB/OL]. 浙江新闻,2017-12-6:http://zjnews. zjol. com. cn/zjnews/hznews/201712/t20171206_5968859. shtml.

网络作家处于网络文学产业链的上游,是网络文学领域的核心资源。杭州正是因为拥有这一大批知名网络作家,奠定了其在网络文学领域的领先地位,成为网络文学的沃土,形成了网络文学发展的"杭州现象"。

二、平台建设引导产业发展

杭州网络文学业的高速发展离不开政府以及行业协会的积极引导和大力推动。2007年,杭州市作家协会就组建了全国首家市级网络类型文学创作委员会。2008年5月,中国首个类型文学概念读本《MOOK 流行阅》出版发行,为杭州市乃至浙江省网络作家提供了一个市场化运作的平台。2015年11月,杭州市网络作家协会成立,是全国省会城市中最早成立的网络作家协会,知名网络文学研究专家夏烈为第一届杭州市网络作家协会主席。自成立以来,杭州网络作家协会在政策引领、理论研究、人才培养、平台建设、产业培育等方面为杭州网络文学业发展做出了贡献。

2017年4月,由中国作协、浙江省作协和杭州市文联三方合作建立的中国作协网络文学研究院正式落户杭州,成为国内首个网络文学研究基地。中国作协网络文学研究院将以"网络文学周"为平台,重点开展"网络文学国际论坛""网络文学年度奖"和"网络文学传播集会"三个板块的活动。[①] 研究院聘请了白烨、欧阳友权等10位国内网络文学研究专家为首批特聘研究员,唐家三少、酒徒、天蚕土豆等15位知名网络作家为特约网络作家。[②] 中国作协网络文学研究院是集聚网络文学作家、网络文学理论评论家等的高端平台,是网络文学领域的智库,有利于推动网络文学发展现象与趋势的研究探讨及网络文学业的良性健康发展。

2017年12月,"中国网络作家村"在杭州市高新区(滨江)成立,落户白马湖生态创意城,它由中国作协网络文学研究院、浙江省网络作家协会、杭州市网络作家协会、杭州高新(滨江)区委宣传部四方合作共建,中国作协网络文

---

① 中国作协网络文学研究院在杭州成立[EB/OL].中国作家网,2017-5-3:http://www.chinaw-riter.com.cn/n1/2017/0503/c405167-29249790.html.

② 戴维.杭州为什么能集聚这么多网络作家? ——专访杭州市文联党组书记、主席应雪林[N]. 杭州日报,2018-7-6.

学委员会主任、中国作协网络文学研究院院务委员会主任陈崎嵘任"名誉村长"，知名网络文学作家唐家三少为首任"村长"。目前唐家三少、月关、管平潮、猫腻、蝴蝶蓝、蒋胜男、南派三叔、玄色、酒徒、匪我思存、沧月等知名网络作家 70 余位已经签约入驻，悦蓝泛娱、掌维科技、狂想网络等网络文学平台相继入驻。中国网络作家村分"天马苑"和"神仙居"两个区块，天马苑作为网络作家的孵化平台，是一个兼具创作与展示的综合性空间，神仙居则是通过对一个村落的改造，吸引网络大咖入驻。①

首届中国网络文学周于 2018 年 5 月在杭州开幕，并将永久落户杭州。首届中国网络文学周以"新时代·新起点·新使命"为主题，旨在学习贯彻习近平新时代中国特色社会主义思想和党的十九大精神，引领网络文学坚持以人民为中心的创作导向，坚定文化自信，讲好中国故事，弘扬社会主义核心价值观，肩负新时代的新使命，从新起点出发，开创更加繁荣兴盛的新局面。网络文学周由中国作家协会、中共浙江省委宣传部、中共杭州市委宣传部主办，由中国作家协会网络文学中心、中国作家协会网络文学研究院、浙江省作家协会、杭州市文学艺术界联合会、杭州高新区（滨江）党委、管委会、政府承办，聚集了来自海内外的网络作家、评论家、网络文学组织工作者、文学网站和翻译网站负责人，以及网络文学相关企业代表 400 余人。文学周开幕式上，中国作协首次发布《中国网络文学蓝皮书（2017）》，并揭晓"2017 中国网络小说排行榜"。文学周期间，一系列网络文学论坛亮相，包括"新时代·新起点·新使命——学习贯彻习近平新时代中国特色社会主义思想和党的十九大精神"座谈会、网络文学创作论坛、网络文学海外传播论坛、网络文学行业论坛等，唐家三少、骠骑、酒徒、蒋胜男等网络作家，白烨、黄鸣奋、陈定家、何平、邵燕君等评论家，以及文学网站、影视企业、网络文学组织等相关机构的代表就网络文学发展进行了充分交流和讨论。文学周注重网络文学与文化产业的对接，除 2018 年网络文学新作发布会、作家新书签售等活动外，还举办了 2018 年网文泛娱项目推介会和"纪念改革开放 40 周年网络作家系列采访活动"。②

---

① 曹增节，林乃炼，金立山，等.中国网络作家村[J].杭州：周刊，2018(6)：47.

② 首届中国网络文学周在浙江杭州开幕[EB/OL].中国作家网，2018-5-17：http://www.chinawriter.com.cn/n1/2018/0517/c403993-29996773.html.

杭州网络作家协会、中国作协网络文学研究院、中国网络作家村、中国网络文学周等平台的建设,为杭州网络文学业发展奠定了坚实基础和有力支撑。

三、网文IP产业链不断延伸

杭州网络文学业的快速发展还得益于网络文学IP产业链的不断延伸拓展。网文IP是可进行多元化开发的优质内容版权,开发形式包括影视、游戏、动漫以及周边衍生产品等。一部好的网络原创文学作品是一个优质网文IP,其后吸附着一条长长的产业链,在图书销售之外,通过改编成影视、游戏、动漫作品以及售卖周边衍生产品等,能够获得巨大的商业价值。

杭州知名网络作家的原创文学作品基于IP产业链的开发获得了巨大的市场成功。比如南派三叔的《盗墓笔记》是一个典型的网文IP产业链开发案例。围绕《盗墓笔记》IP的产业链开发包括:2013年下半年以来,《盗墓笔记》系列舞台剧全国巡演,其中《盗墓笔记1》巡演77场,投资300万元,收获票房3500万元;[①]2015年,《盗墓笔记第一季》网络季播剧在爱奇艺播出,以27.54亿的超高播放量居当年网剧榜首;[②]《盗墓笔记前传老九门》《沙海》等衍生电视剧亦获得很高的关注度及播放量,《盗墓笔记第二季》网剧于2018年开机;2016年,《盗墓笔记》电影上映,获得10.04亿元票房;《盗墓笔记》漫画在腾讯动漫连载;欢瑞游戏开发了《盗墓笔记S》3D动作手游,深圳深海娱游开发了盗墓笔记卡牌游戏,游族网络大侠工作室开发了盗墓笔记ARPG网页游戏;《盗墓笔记》周边衍生产品如手链、手机壳、手袋、收纳册、串珠、水杯、水表垫、T恤、笔记本、笔、包等都得到有序开发。南派三叔本人曾对《盗墓笔记》相关IP开发价值进行过估计,其认为《盗墓笔记》相关IP投入到电影、版权销售、广告、游戏和衍生产品的市场规模将超过200亿元。[③]其他如蒋胜男的《芈月传》开播12小时达2.6亿播放量,天蚕土豆的《大主宰》的游戏版权售卖达

---

①　话剧《盗墓笔记》:一部商业戏剧的奇迹[EB/OL].北京文艺网,2014-8-27:http://www.arts-bj.com/show-184-424930-1.html.

②　《盗墓笔记》等十大网剧创125亿播放量[EB/OL].华西新闻,2015-12-18:http://news.huaxi100.com/show-135-718360-1.html.

③　南派三叔融资成功 认为《盗墓笔记》IP值200亿[EB/OL].新浪网,2015-9-24:http://games.sina.com.cn/g/g/2015-09-24/fxieymv7579063.shtml.

5000 万元等。

杭州市的文创产业相对发达,拥有大量优秀的出版、影视、动漫、游戏以及文创产品开发企业,为网文 IP 产业链开发提供了良好的业态环境,促使网文 IP 能够与影视、动漫、游戏等深度融合,深入挖掘网文 IP 的价值。以滨江区为例,滨江聚集的包括动漫游戏、影视制作等领域上下游文创企业达 2000 余家,其中不乏行业领军型企业,如网易、华数传媒、电魂网络、玄机科技等,还有集素资本等专注网络文学的创投基金,能够为网文 IP 开发运营提供全产业链支持。以发飙的蜗牛网络文学公司打造的 IP《妖神记》为例,目前已完成文学、漫画、动画、游戏等多方面的开发创作,影视剧也正在洽谈合作中。专注于网络文学 IP 产业链孵化的网艺创空间在滨江白马湖畔正式运营,汇聚网文作家、漫画工作室、短视频工作室等资源,打造网文 IP 孵化全产业链平台。①

---

① 文创之风起滨江 把滨江打造成一个大 IP[EB/OL]. 杭州日报,2017-9-20:http://hzdaily. hangzhou. com. cn/hzrb/2017/09/20/article_detail_1_20170920A047. html.

第八章　杭州互联网文化产业领军企业

杭州市集聚了一批发展势头良好、未来潜力巨大的互联网文化企业，其中既有带动效应强的行业领军型龙头企业，也有大量的分布在产业链各个环节的中小型企业，整体上呈现门类齐全、梯度合理、协同发展的格局。典型的企业包括数字娱乐业的代表性企业——阿里巴巴（数字娱乐、文化电商）、网易（数字游戏）、华策影视（数字影视）、中南卡通（数字动漫）、美盛文化（数字动漫、数字游戏）、顺网科技（数字游戏）、天格科技（互动娱乐）；数字传媒业的代表性企业——华数传媒（数字电视）、杭州日报（数字报业）、思美传媒（新媒体广告）；数字出版业的代表性企业——咪咕阅读（数字阅读）。以下具体阐述这些企业的业务现状、可能存在的问题以及未来的发展规划。

第一节　阿里巴巴

阿里巴巴是全球最为成功的互联网公司之一，其品牌影响力和传播力的地位在国内外都是毋庸置疑的。事实上，阿里巴巴不能简单地定位为互联网公司，其从电子商务出发，打造了一个庞大的商业生态系统，并通过自有业务拓展和资本手段，构建了一个囊括电子商务、金融、本地生活O2O、教育、旅游、汽车、房产、医疗健康、硬件、游戏等多领域的庞大且具备相互协作前景的商业版图。根据阿里巴巴2019财年Q1财报，2018年第2季度阿里巴巴营收为809.2亿元人民币，同比增长61%，连续6个季度保持超过55%的高速增长，净利润为76.5亿元；增长主要由于中国零售业务及阿里云的收入强劲增长，以及并表菜鸟网络与饿了么。相较于全球领先的互联网企业，包括Facebook、亚马逊、NETFlix、谷歌等,阿里巴巴的增速相对较快,是增速唯一超过50%的企业。阿里巴巴的总部就设在杭州市,阿里巴巴的技术与平台优势是杭州市发展互联网文化产业的先天优势条件,围绕阿里巴巴发展互联网文化产业有利于带动整个杭州市的大发展,阿里巴巴的业务包括核心电商、云计算、数字媒体、娱乐以及创新项目,具体业务及关联公司包括淘宝网、天猫、聚划算、全球速卖通、阿里巴巴国际交易市场、1688、阿里妈妈、阿里云、蚂蚁金服、菜鸟网络等。从各业务的收入情况来看,2018 年第二季度核心电商收入为 691.88 亿元,占总收入的 85.51%;阿里云收入为 46.98 亿元,占总收入的5.8%;数字媒体及娱乐业务占比 7.5%。

电子商务业务是阿里巴巴的核心收入来源。自 2014 年 9 月阿里上市以来,企业电商收入占比超过 85%。另外,阿里新零售项目带动"其他"类目的收入同比劲增超过 340%,主要包括天猫进口、盒马鲜生及银泰百货的贡献。天猫扩大于 B2C 市场的领先地位,季度实物成交 GMV 增幅达 34%,淘宝成交 GMV 亦加速增长。截至 2018 年 6 月底,阿里在中国零售平台的移动月度活跃用户达 6.34 亿,较 2018 年 3 月底增加 1700 万,同比增长 20%,较 2014年 9 月增加 4.17 亿。年度活跃消费者增至 5.76 亿,较 2018 年 3 月底增长2400 万,新增的年度活跃消费者约 80% 来自三四线城市,较 2014 年 9 月增加2.69 亿。截至 2017 年 3 月,在福布斯全球最具价值品牌 100 强中,近八成的消费品牌已入驻天猫开展销售,天猫双 11 活动 2017 年成交额达 1682 亿元,相较于 2009 年增长 3233.6 倍,2009 年成交额为 0.52 亿元。

阿里云业务是采取在线公共服务的方式,为制造、金融、政务、交通、医疗、电信、能源等不同领域的企业提供安全、可靠的计算和数据处理能力。阿里云计算有限公司成立于 2009 年,是阿里巴巴集团旗下云计算品牌,目前在杭州、北京、硅谷等地设有研发中心和运营机构。阿里云近年来的产品创新主要聚焦于大数据分析、人工智能、安全及物联网应用。2018 年第 2 季度,阿里巴巴的云计算业务的季度收入增长 93%,主要由于收入结构中高附加值产品和服务比重增加,以及付费客户数量强劲增长。阿里云与各行业客户开展深度合作,民生银行作为首家成功采用分布式核心账户架构金融云的大型银行,推出全新金融云的四个月以来,其处理效率较原始核心系统提升三倍;洲际酒店集团使用阿里云的混合云解决方案、合规和安全服务,为全球客户提供大中华地区的客房预订等业务。阿里云也为阿里巴巴自身的业务提供了有力的技术支持。为应对天猫、淘宝上图片、文字和视频内容的爆发式增长，比如天猫双 11 活动，2017 年交易峰值 32.5 万笔/秒，支付峰值 25.6 万笔/秒，阿里巴巴混合部署了在线计算、离线计算以及公共云，构建了全球最大规模的混合云，能够实现 1 小时扩容 10 万台服务器。同时，阿里云还在全球 4 大洲 60 多个国家和地区筹备了 1200＋CDN 节点。

在大数据、人工智能、物联网等领域，阿里巴巴同样也是国内领导者。2010 年，阿里巴巴开始提出大数据战略。2016 年，首发了可以提供一站式大数据处理能力的平台——"数加"以及 20 款新产品，让"普惠数据"成为可能。2017 年，成立了贵州理工学院·阿里巴巴大数据学院。2017 年以来，推出结合了人工智能、物联网、大数据等技术的城市大脑，目前已在杭州、苏州、上海、衢州、澳门等城市，以及马来西亚等国家落地，覆盖交通、平安、市政建设、城市规划等领域。2018 年 2 月，阿里巴巴为增强其在欧洲的云计算业务，推出从大数据和人工智能到基础设施、安全和私有云解决方案 8 款产品。2018 年 10 月，提出了首个中国大数据安全 ISO 国际标准。此外，阿里巴巴积极推动云计算相关产业集聚发展。云栖小镇通过与阿里云计算有限公司达成战略合作，把云计算、大数据和智能硬件作为主要的发展方向，聚集一批从事云计算相关产业的大企业。2015 年，随着云栖大会正式落户云栖小镇，以云计算为核心科技，基于云计算、大数据和智能硬件产业的云产业生态全链路逐渐展现。2017 年，云栖小镇实现财政总收入 6.27 亿元，同比增长 86.5％，引进重点项目 23 个，注册资金 1000 万元以上企业 48 家。目前已累计引进包括阿里云、富士康科技、数梦工场、政采云、商圈网络等各类企业 721 家，其中涉云企业 475 家，产业覆盖云计算、大数据、APP 开发、游戏、互联网金融、移动互联网等各个领域，已初步形成较为完整的云计算产业生态。

在数字媒体及娱乐业务领域，2016 年 6 月，阿里巴巴正式成立"大文娱"板块，并成立投资超过人民币 100 亿元的大文娱产业基金，业务包括优酷土豆、UC、阿里影业、阿里音乐、阿里体育、阿里游戏、阿里文学、阿里数字娱乐事业部。阿里巴巴涉足文化娱乐领域，对文化产业来说是一个利好消息。有着雄厚资金实力的电商巨头进入，有助于增强文化产业的整体实力。2018 年第 2 季度，阿里巴巴数字媒体和娱乐业务的季度收入同比增长 46％。优酷直播国际足联世界杯以及视频内容产品的持续优化，带动优酷日均付费用户同比大幅增长 200%；优酷还与中央电视台合作，为中国数亿球迷直播所有世界杯赛事，期间优酷用户通过 1.8 亿部设备观看了比赛。阿里巴巴更整合生态系统内丰富多样的服务，包括淘宝与支付宝的红包活动、盒马及饿了么的夜宵外卖服务等，为消费者提供独特的世界杯体验。阿里云以其专有技术支持优酷进行高清、低延迟的直播，观众数量峰值更超过了中国春节期间最多人观看的节目。

在游戏方面，2014 年 1 月 18 日，阿里集团公布"手游平台战略"；2014 年 11 月，阿里巴巴宣布，将手游业务交由移动事业群旗下的九游负责；2015 年 3 月，九游宣布对阿里手游业务完成逐步整合。在游戏分发上，九游获得淘宝、支付宝、神马搜索等多个用户过亿的移动入口支持；2016 年 1 月，阿里巴巴移动事业群旗下的 UC 九游更名为"阿里游戏"，进行公司化运作；2017 年 3 月 16 日，阿里游戏宣布将全面进入游戏发行领域，2017 年以 10 亿元资金助力游戏 IP 生态发展，并与阿里文学、阿里影业、优酷实现 IP 联动与开发，2017 年以来，推出了《武动乾坤》《烈火如歌》《自由之战 2》《卧虎藏龙 2》等 IP 游戏。在音乐方面，阿里巴巴在数字音乐业务上起步较晚，但是，在收购虾米音乐网和天天动听并设立音乐事业部后，阿里巴巴充分发挥了自己电商的优势，将电商模式与数字音乐深度融合。目前阿里巴巴旗下的虾米音乐网已经与淘宝商家展开合作，如淘宝商家使用虾米音乐网提供付费背景音乐，或购买虾米 VIP 权益卡赠送消费者等。另外，热门娱乐节目《中国好声音》还联手虾米音乐网开设天猫中国好声音旗舰店，试水艺人经纪电商模式。在文学方面，2015 年 4 月，阿里文学成立，旗下拥有书旗小说、淘宝读书等移动阅读平台，推出开放合作的 IP 衍生模式，致力于打造网络文学新生态。根据《2018 年中国移动阅读市场白皮书》，阿里文学处于行业第一梯队，旗下书旗小说是 IOS 端下载量第一的移动阅读产品。2018 年 10 月，阿里文学与北京十月文艺出版社签署战略合作协议，设立"十月阿里文学创作中心"，或称为传统文学与网络文学全面融合发展的一个新起点。在影视方面，2014 年 6 月，阿里巴巴完成对文化中国的收购，成立阿里影业，独立上市。2015 年 4 月，阿里巴巴集团旗下淘宝电影票和娱乐宝的资产注入阿里影业。阿里影业已投资拍摄《摆渡人》《傲娇与偏见》等影片，《古剑奇谭 2》等电视剧，参与《战狼 2》《红海行动》

《我不是药神》等影片的出品发行、互联网宣发,参与投资《忍者神龟2:破影而出》《星际迷航3:超越星辰》《碟中谍5:神秘国度》《REAL》等国际电影项目。与好莱坞电影制片公司 Amblin Partners、英国版权公司 Working Partners、Skydance 等开展战略、业务合作。根据阿里影业的财报,阿里影业2014年净亏损4.17亿元,2015年净利润为4.66亿元,2016年亏损9.59亿元人民币,2017年亏损9.5亿元。

从阿里巴巴近些年数字媒体及娱乐业务的发展来看,业务的资金投入巨大,进而也导致了2014年以来虽然收入持续增长,但一直处于亏损的状态。比如优酷,虽然付费会员飙涨带来订阅收入增加,但内容采购方面花费了巨额的费用。在巨大的投入之外,阿里巴巴还通过优化组织架构、调整高层管理人员、优化业务布局、寻求外部合作、加强资源整合、推进平台建设等方式,大力推动数字媒体及娱乐业务。总体上,阿里巴巴的数字媒体及娱乐业务发展势头良好,但持续亏损的状态也带来了一定的财务风险,并影响阿里巴巴的整体利润。另外,在数字媒体及娱乐业务领域,面临着较为严峻的市场竞争。比如长视频领域,优酷土豆、爱奇艺、腾讯三家鏖战,特别是内容竞争十分激烈,导致全行业亏损的状况还将持续。在内容为王的行业竞争环境下,如何打破行业竞争僵局,获得和保持内容竞争优势,对于专长为电商业务的阿里巴巴来说,无疑是一项挑战。

当下及未来,阿里巴巴数字媒体及娱乐业务的优势或者说其着力点在于,一是发挥其强大的资本优势。发展数字媒体及娱乐业务,特别是同时推动文学、游戏、音乐、视频等多领域的发展,需要非常大量的、持续的资本投入。阿里巴巴的电子商务业务不仅体量巨大,而且利润十分丰厚,可以为数字媒体及娱乐业务的发展提供强劲的资本支持。可以说,阿里巴巴拥有相对充足的弹药,去打赢数字媒体及娱乐业务领域的竞争之战。二是以"提升消费者体验"为核心,进行资源共享、渠道整合,开展平台与平台之间的联动,包括将直播、视频、游戏等娱乐功能整合到移动终端购物软件上,将旗下优土、UC、豌豆荚等业务接入统一开放平台并进一步将这些业务扩展到淘宝、天猫、支付宝等电商平台。阿里巴巴的商业生态系统,将全面打通电商消费和文娱内容消费,为消费者创造更多的价值,带来更好的服务体验。三是依托云计算业务的发展以及大数据、云技术、人工智能等技术优势,为数字媒体及娱乐业务发展提供强大的技术支撑。数字媒体及娱乐业务当前的主要发展趋势之一是技术与内容的深度融合,在技术层面拥有比较优势的阿里巴巴未来要更充分地发挥技术优势。四是全球化扩张。不限于国内市场,而是着眼于全球数字媒体及娱乐市场,参与国际竞争,挖掘海外商机。基于电子商务业务国际化的经验,寻找国际合作伙伴,推动数字媒体及娱乐业务国际化。五是进一步完善数字媒体及娱乐业务布局,探索优化商业模式,提升文娱板块在阿里巴巴诸多业务中的地位,改变当前持续亏损的局面,逐步扭亏为盈。当然,短期内文娱板块的价值不在于带来利润,而是在未来为阿里巴巴带来更大的价值收益。

第二节　网易

网易是国内市值排名前十的互联网公司之一,于 1997 年 6 月创立,2000 年 6 月在美国纳斯达克上市,为用户提供免费邮箱、游戏、搜索引擎服务,开设新闻、娱乐、体育等 30 多个内容频道,以及博客、视频、论坛等互动交流平台。公司从 10 多人的初创团队发展至今,拥有超过 18000 名员工。2017 年 7 月,国际权威财经杂志《机构投资者》公布最新年度排名榜,网易公司获评"亚洲最受尊崇企业"。财报数据显示,网易 2018 年第 2 季度净收入 162.84 亿元(24.61 亿美元),同比增长 21.7%,归属于网易公司股东净利润为 21.07 亿元(3.18 亿美元)。网易是杭州市除阿里巴巴外的互联网巨头,网易(杭州)网络有限公司位于杭州市滨江区,2006 年 6 月成立,发展迅猛。2011 年,网易杭州研究院正式启用。一些新业务包括网易云音乐、网易考拉、网易严选、云课堂等,都是在网易杭州公司发展起来的。杭州是网易的创新大本营,是网易商业版图的重要部分。对于杭州来说,网易是互联网文化产业发展的重要力量。

从网易目前的业务构成来看,包括在线游戏服务、电商业务、广告服务、邮箱及其他业务。2018 年第 2 季度,网易在线游戏服务净收入为 100.61 亿元(15.20 亿美元),占比 61.78%,同比增长 6.7%;电商业务净收入为 43.66 亿元(6.60 亿美元),占比 26.81%,同比增长 75.2%;广告服务净收入为 6.34 亿元(9582 万美元),占比 3.89%,同比增长 6.5%;邮箱及其他业务净收入为

12.23 亿元(1.85 亿美元),占比 26.81％,同比增长 7.51％。总的来说,在线游戏服务是网易收入的核心来源,电商业务是网易收入的重要增长点。从产品来看,网易已形成丰富的产品矩阵,包括在线游戏、网易邮箱、网易考拉、网易新闻、网易云音乐、网易云课堂、网易理财等,具体如图 8-1 所示。

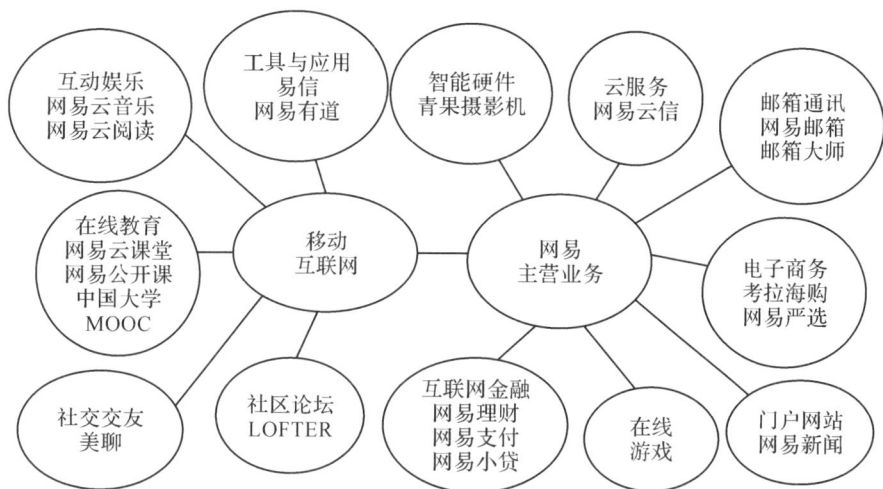

图 8-1　网易的产品矩阵

　　游戏板块是网易重要的利润来源。2017 年,网易游戏收入 362.82 亿,每天收入约 1 个亿,同比增长 29.7％。2018 年第 1 季度毛利率为 62.1％,第 2 季度毛利率达到 64.3％,远超网易的其他业务。网易在线游戏事业部成立于 2001 年,目前品牌价值超过 13 亿美元,跻身全球七大游戏公司之一,是国内少数拥有自主开发和运营能力的游戏运营商,旗下多款网络游戏多次获得“玩家最喜爱网络游戏奖”和“最佳原创国产网络游戏奖”等行业评选奖项,2017 年网易游戏收入占全国游戏收入的比重达到近 18％。端游和手游是网易游戏的两个增长点。在手游方面,研发了如《楚留香》《荒野行动》《第五人格》《阴阳师》等产品,据 App Annie 公布的 2018 年 3 月全球手游指数显示,网易位居全球 IOS 手游发行商收入榜第二。在端游方面,研发了如《梦幻西游》《天下》《大唐无双》《武魂》《倩女幽魂》等产品,具体反映到营收上,《梦幻西游》《大话西游》《倩女幽魂》《天下》《阴阳师》等自研 IP 游戏产品是网易游戏营收的中流砥柱,《楚留香》《终结者 2》《荒野行动》《第五人格》等新近研发上线的游戏也有很不错的市场表现。就具体游戏来说,《梦幻西游》2017 年电脑版注册用户数已经突破了 3.6 亿。《阴阳师》活跃用户在峰值期达到了 1403 万。《荒野行动》上线三个月玩家数超过 2 亿,DAU 突破 2500 万。《第五人格》自 2018 年 4 月公测以来,上线一个月注册用户就破了 5000 万,取得了 IOS 免费总榜下载量第一以及其他游戏榜单榜首的好成绩。在游戏领域,网易还积极探索海外市场,包括日本、韩国、东南亚、北美等地区,寻求与国际企业合作,国际市场份额逐渐增长。2018 年 6 月,中国 APP 发行商出海收入榜单显示,网易位列第三。就具体游戏来看,《阴阳师》2017 年 2 月登陆日本市场,连续两个月取得了 IOS & Google Play 日本综合下载榜 Top 5 的成绩,2017 年 8 月登陆韩国市场,相继取得了 App Store 免费榜排第一、畅销榜排第三的成绩。《荒野行动》《第五人格》等也在包括日本在内的多个国家、地区取了不错的成绩。此外,网易致力于推动前沿技术与游戏的结合,优化玩家体验,比如研发 AR 游戏,包括《悠梦》《阴阳师》《决战平安京》《镇魔曲》《倩女幽魂》等 AR 游戏内容。在《阴阳师》中,玩家可进行基于 AR 技术的召唤和歌舞玩法。

电商板块是网易仅次于游戏的利润来源,毛利率达到 10.1%,营收和利润都呈现上升态势,未来盈利能力看好。网易的电商业务主要包括网易考拉和网易严选,采取差异化发展的路径。2017 年底,网易提出"新消费"概念,致力于为消费者提供高质价比的产品和服务。考拉海购于 2015 年 1 月上线公测,以自营直采模式为核心,提供涵盖母婴儿童、美容彩妆、服饰鞋包、家居生活、营养保健、数码家电、环球美食、户外运动、水果生鲜等众多品类的高品质商品,是我国跨境零售电商的领军企业,在杭州、宁波等多个保税区的日均出单量长期稳居第一。艾媒咨询发布的《2018Q1 中国跨境电商季度监测报告》显示,网易考拉以 26% 的占比占据跨境电商平台市场份额的首位。网易严选于 2016 年 4 月正式面世,是国内首家 ODM(原始设计制造商)模式的电商,通过 ODM 模式与大牌制造商直连,去掉高昂品牌溢价、挤掉广告公关成本、剔除中间环、撇弃传统销售模式,使价格回归理性,为用户提供物超所值的品质生活产品。网易严选上线后获得业内和用户的广泛认可和关注,连续获得 6 项权威媒体大奖。近年来,网易在电商业务领域除了从消费者角度出发以外,还重视优化完善供应链体系,与国内外知名品牌签署战略合作协议,发展"全球工厂店"项目,以及进一步深化与供应商的合作等。

其他业务板块,较多亮点的有网易云音乐、网易新闻、网易公开课、网易云等。网易云音乐于 2013 年 4 月正式发布,2017 年 11 月,用户数突破 4 亿,是国内处于市场领先地位的音乐 APP 之一。2018 年以来,网易加大音乐领域投入,包括升级视频功能;推出"云梯计划""新声量计划"和"石头计划",深耕原创音乐,与内容创建者构建共赢商业生态;上线全新音乐直播产品"LOOK 直播"。2018 年 2 月,与腾讯音乐达成版权互授合作,3 月与阿里音乐达成版权互授合作。2018 年 10 月,网易云音乐达成了新一轮融资,投资方包括百度、泛大西洋投资集团、博裕资本等。网易新闻于 2011 年初推出,作为一款基于移动终端平台的媒体资讯产品,其知名度、行业口碑遥遥领先同类软件。2015—2016 年,网易新闻用户满意度、最受白领喜爱新闻客户端等多项数据稳居市场第一位,人均使用次数和人均使用天数、DAU/MAU 活跃率等代表用户粘性的重要数据,均位居新闻资讯类 APP 的首位。网易新闻在行业内率先提出内容消费升级引领者的全新战略,持续以严选内容、多元文化和体验升级作为三大驱动力构建内容消费新生态。2018 年第 2 季度,网易新闻客户端和门户为广告服务业务贡献了超过 85% 的收入。网易公开课于 2010 年 11 月推出,即"全球名校视频公开项目",致力于建设用户终身学习的泛知识平台,用户可在线免费观看来自哈佛大学、牛津大学、耶鲁大学等名校的公开课课程,覆盖信息技术、文化、建筑、心理、文学、历史等不同学科。八年间,网易公开课自主翻译了超过 6 万余集全球顶级的优质课程,同时还通过内容的合作和版权的采购,收纳了超过 15 万集优质的内容,积累了超过 8 千万的用户。除了公开课,网易在线教育领域还有网易云课堂、中国大学 MOOC、有道和卡塔编程等不同类型产品。网易云是网易集团旗下云计算和大数据品牌,为客户提供云计算基础服务(网易蜂巢)、通信与视频(网易云信和视频云)、云安全(网易易盾)、全智能云客服(网易七鱼)等一系列场景化云服务以及一站式大数据管理与应用开发平台(网易猛犸)和企业级大数据可视化分析平台(网易有数)等一系列大数据产品。

从网易在数字娱乐领域面临的挑战来看,主要涉及三个方面。其一是市场竞争。比如游戏,主要面临着来自腾讯的竞争,腾讯出品的《王者荣耀》《绝地求生》等游戏产品都是爆款游戏,用户数量非常多。从收入来看,根据游戏工委的数据,2017 年,腾讯的游戏收入为 1179 亿元,网易的游戏收入为 363

亿元,腾讯的市场份额是网易的 3 倍还多。再比如音乐,面临着酷狗音乐、QQ音乐、酷我音乐、多米音乐、虾米音乐、百度音乐等竞争。酷狗音乐、QQ 音乐、酷我音乐都属于腾讯音乐娱乐集团(TME),腾讯在版权资源方面存在优势。再比如新闻,面临着今日头条、腾讯新闻、一点资讯、搜狐新闻、凤凰新闻、澎湃新闻等的竞争。其二是行业监管。互联网内容领域的行业监管越来越健全和严格。在此背景下,2018 年 9 月,网易财经频道停止更新,开始深入全面的整改,大力整顿违规行为。2018 年 10 月,网易发布了《网易关于未成年人健康游戏的公告》。其三是内容创作与更迭。比如游戏存在生命周期,现象级游戏《阴阳师》的用户规模和渗透率在 2017 年 2 月达到峰值后迅速下降,《荒野行动》在 2018 年 2 月达到峰值后也开始下滑,比《阴阳师》的生命周期更短。这就要网易不断推出新的、受到玩家喜爱的游戏产品,并且尽可能保持现有游戏产品的热度。此外,版权资源目前是数字娱乐领域的核心竞争资源,各个互联网公司都在抢占版权资源。在版权资源方面,网易亦面临着较大的竞争压力。

从未来发展来看,首先,网易作为体量庞大的互联网企业巨头,其发展有综合、稳健两大特征。网易已构建多元、立体的产品和服务体系,涵盖互联网相关的各类业务。虽然网易对这些业务有不同的侧重,现阶段不同业务带来的收益也存在很大差异,但网易在互联网相关的各领域以及一些新兴领域都有投资和布局,以分散风险。同时,对于新业务,网易采取的是内部孵化成熟后再推向市场的模式,以减少风险。其次,网易不仅是互联网技术公司,也是内容生产公司。在当前行业竞争背景下,网易对内容生产极为重视,认为数字创意的核心在内容生产,应在内容之后再做延伸,再做 IP 落地。例如,网易深度开发游戏 IP 价值,推动游戏 IP 向漫画、动画番剧、动画电影、音乐剧、真人电影、网剧等转化,推出游戏衍生产品,布局泛娱乐 IP 生态。《阴阳师》已为游戏 IP 的开发做了很好的探索。再例如,网易新闻与其他媒体合作,进行内容生产与传播,提供新闻阅读、跟帖盖楼、图片浏览、话题投票、要闻推送、离线阅读等功能。

第三节　华策影视

　　华策影视(浙江华策影视股份有限公司)是国内目前规模最大、实力最强的民营影视企业之一,创立于 2005 年 10 月,是一家以影视剧制作、发行为核心,以影视基地建设、影城院线、新媒体、广告开发、产业投资等多元化发展为格局的全产业链型影视企业。2010 年 10 月 26 日,在深圳证券交易所创业板上市。目前,华策影视有员工 1100 人左右。2017 年,华策影视实现营业收入 52.45 亿元,比上年同期上升 18.01%;净利润为 6.34 亿元,比上年同期上升 32.60%。2018 年上半年,实现营业收入 21.87 亿元,净利润 2.89 亿元,同比分别增长 24.89%、5.28%,综合毛利率达到 31.76%。在影视娱乐内容领域,华策影视是杭州市的领军企业。

　　从业务现状来看,华策影视的主要业务涵盖影视娱乐内容的提供和运营,及产业战略布局。影视娱乐内容的提供和运营主要包括全网剧、综艺节目、电影三大内容的投资、制作、发行、运营,还有艺人经纪及相关服务业务,以及围绕内容衍生的整合营销、游戏授权、渠道运营和分发。产业战略布局主要包括影院投资、管理、运营业务,国际合作拓展业务,参与国际合作试验区运营管理以及战略投资合作。从业务结构来看,2017 年,华策影视的全网剧销售业务收入为 46.03 亿元,同比增长 29.71%;影院票房为 0.77 亿元,同比下降 14.70%;电影销售为 0.46 亿元,同比下降 83.13%;游戏为 0.14 亿元,同比下降 70.00%;广告为 0.49 亿元,同比增长 3.83%;经纪业务为 1.38 亿元,同比增长 255.91%;综艺 2.83 亿元,同比下降 26.58%。全网剧业务是华策影视的主要收入来源。2017 年,全网剧首播 15 部 654 集,《孤芳不自赏》分别位列年度互联网点击播放前 10 名和卫视收视率前 10 名。2018 年上半年首播 7 部,《谈判官》《老男孩》位列上半年卫视黄金档收视率前 10 名。根据艺恩网数据,2017 年,华策影视出品的全网剧累计产生网络流量超 1500 亿,占国产大剧流量的约 25%,年增长率约 50%,超过市场平均增速 10%,有 8 部全网剧作品的网络流量超过 30 亿,占公司全年首播全网剧的 53%。电影业务不断拓展,2017 年参与投资、发行电影项目 11 部,累计票房超过 39 亿元。2018 年参与投资、发行电影项目 4 部,累计票房 9.16 亿元。《功夫瑜伽》《悟空传》《妖猫传》分别取得 17.48 亿元、6.96 亿元、5.30 亿元的票房成绩。综艺业务也取得了不错的成绩,2017 年投资并出品《我们 17 岁》《跨界冰雪王》《生活相对论》3 档综艺节目。经纪业务发展速度最快,2017 年新设立了经纪管理中心,负责统筹公司艺人经纪业务并协调各业务板块资源,胡一天、吴倩等一批新生代艺人迅速成长。

华策影视的发展有以下几个突出的方面。一是重视内容资源。提出"强内容"是产业发展的核心。2015 年提出头部精品战略,定位精品影视剧"质造者"。全网剧年产能达 1000 集以上,产能规模稳居全行业第一,电影、综艺两大板块也稳步发展。拥有强大的创意支持团队,团队发挥最大效能进行项目开发运作,注重精品力作的规模化运作,保障产出内容的规模化、精品化、年轻化和互联网化。匠心制作内容产品,如《天盛长歌》采用 2.35∶1 画幅,用电影级别画面效果实践"新古典主义"美学理念。与产业链的上下游开展合作,如与爱奇艺、优酷土豆、腾讯等视频网站进行合作,合作涉及拍剧、点击分成等。二是强化行业前沿技术应用。借鉴好莱坞的模式,拥有一套完整的工业化体系,建立有大数据中心,在 IP 采购、剧本创作以及开机前的项目评估、合同签订四个阶段设置四道评审,基于大数据的分析和支持以及项目制作、财务、营销、艺人、导演等多方的共同参与,提高影视剧制作的能力以及确定性。涉足一些新的技术领域和引入新的技术设备,如前瞻性布局 AR/VR 领域,投资 AR/VR 数字多媒体产品制作公司兰亭数字,增值热波科技等。三是重视人才培养。发布"青年人才培养计划",明确了员工晋升通道和职业发展路径,设立了"华策克顿大学",构建了"内训、外训、分享"相结合的专业培养体系。建设华策大学,与浙江传媒学院等共建华策电影学院,采取 2+2 的人才培养模式。四是推进影视产业园区建设。2015 年 1 月,中国(浙江)影视产业国际合作实验区杭州总部正式启动建设,位于浙江大学紫金港校区附近,由华策影视负责建设运营,总投资超过 10 亿元,占地 50 亩,建筑面积 12 万平方米,是国家级的影视产业园区,设有创新产业总部、大师工作室、众创空间、明星商业街等。五是探索国际交流和合作,进行全球化布局,2005 年成立国际发行部,是第一个赴戛纳电视节参展的民营影视公司,并在杭州举办戛纳电视节中国专场。加强影视节目从华语地区向非华语地区的传播覆盖,加快

"华剧场"的海外频道落地,同时通过影视节目译制,将海外优质内容作品引进国内。与美国的华纳、福克斯、英国的 ITV、俄罗斯独立广播公司 CTC 传媒、俄罗斯国家传媒集团 NMG 等国际顶级传媒集团开展深度战略合作,与 Youtube、Viki 等海外平台携手,并自主创立包括"一带一路"沿线国家和地区在内的面向全球的华语影视联播体。2017 年 12 月,与爱奇艺等 10 家中国影视企业在浙江杭州成立中国电视剧(网络剧)出口联盟。2018 年 10 月在法国戛纳秋季电视节上,华策影视重点推出了其出品的现实主义大剧《创业时代》,并与小猪佩奇 IP 所属公司——英国 Entertainment One(简称"eOne")签约合作。

当前,华策影视发展中遇到的困难涉及资金和人才两方面。资金方面存在如企业税收负担偏重、外汇管制导致引入国外高端设备存在障碍等困难。在人才方面,面临人才流失问题,招聘不到合适的人才,尤其是技术人才。在网生代兴起、消费者的文化娱乐消费水平不断提高的背景下,华策影视的总体发展思路是以内容为核心,实施 SIP 战略,即超级 IP 战略,持续聚焦头部精品力作,从市场和观众的需求出发,打造广受消费者认可的精品爆款,从 IP 开发的最初即对剧目、电影、网络剧、游戏乃至电商衍生品等全产品线进行设计和一揽子运营,确保公司在未来内容变现领域的核心竞争力。同时,继续布局前沿技术领域,升级数字化影视工业赋能平台,优化流程体系,为内容制作提供技术和平台支撑。

第四节　中南卡通

中南卡通(浙江中南卡通股份有限公司)是杭州市动漫产业的领军型企业之一。中南卡通于 2003 年成立,是国内最大的原创动画公司之一,系首批国家重点动漫企业、国家重点高新技术企业、国家文化出口重点企业、十大最具影响力国家文化产业示范基地。2015 年 8 月,中南卡通在新三板挂牌上市。目前,企业员工 300 余人,年生产动画片 1 万分钟以上,原创动画生产能力位居全国前列,先后在国内 400 多家电视台及互联网、手机等新媒体热播,并进入世界 76 个国家和地区的播映系统,影视动画出口稳居全国前列。2017

年,中南卡通营业收入为 1.67 亿元,同比增长 34.62%,净利润为 2800.48 万元,同比增长 165.20%。2018 年上半年,实现营收 4028.71 万元,同比下降 32.44%,净利润为 253.39 万元,同比下降 68.39%。营收和利润下降主要由于部分动画片的制作周期延长,播出时间推迟,导致本期内相应节目的发行与授权等收入迟延实现。

从业务现状来看,中南卡通的主营业务为原创动画和影视的创意、投资、策划、制作、发行、动漫形象授权以及基于自主知识产权的动漫产业链综合运营。具体来讲就是,第一,作为内容提供商,生产原创动画。中南卡通至今已原创 17 大题材、45 部、近 7 万分钟精品动画,如《乐比悠悠》《天眼》《魔幻仙踪》《郑和下西洋》《郑成功》《锋速战警》《中国熊猫》《钢甲卡卡龙》《钢甲小龙侠》等。《郑和下西洋》《天眼》等动画作品荣获国家精神文明建设"五个一工程"奖、国家动画精品一等奖、国产优秀动画片等各类国内国际奖项 120 余项。原创动画生产能力位居全国前列。第二,构建和拓展国内外数字平台渠道,包括网站、手机 APP 等。2015 年,中南卡通在美国迈阿密市设立中南电视有限责任公司(Zoland TV)。2017 年,与法国媒体公司 M. E. I. Group 集团公司合作打造中国首个 OTT 平台——ZOKAST KIDS. TV。第三,进行衍生产品开发,动漫形象授权,提供线上线下体验。衍生产品开发包括文具、服饰、玩具、歌舞剧等的开发。动漫形象授权包括乐比、悠悠、天眼、香凌等的授权。线上线下体验主要是开发建设飞行体验馆、XD 体验馆、4D 体验馆、互动体验馆、水幕电影等。2013 年,中南卡通首开"乐悠"品牌,全国范围内铺设零售商店,发展线下销售渠道,还在国内建设了第一家亲子主题馆——中南乐游城。

在技术研发方面,成立省级企业研究院——浙江中南卡通动漫产业研究院,参与高校科技成果产业化集成服务平台研发及示范、面向动漫衍生品设计应用示范等国家支撑计划课题,重视产学研合作,与中国美术学院、浙江大学、浙江传媒大学、浙江工业大学、北京电影学院等院校形成合作伙伴关系,还参与制定浙江省动漫行业首个地方标准《动画渲染平台管理与服务规范》。此外,2018 年,中南卡通开始推进"中南·卡通动漫小镇萧山项目"及中南动漫 IP 发展小镇。

中南卡通还积极拓展海外市场,从 2007 年起连续 11 年被评为"国家文化出口重点企业""浙江省文化出口重点企业",2015 年开始建设"中南卡通海外推广平台",推广中南卡通的动漫作品以及所代理的其他企业的动漫作品。中南卡通海外推广途径主要包括参加国际展、构建合作播映渠道、搭建自有播出平台等。目前,累计出口中国原创动画片总时长超 8000 小时,进入美国、英国、法国、俄罗斯、韩国等 92 个国家和地区,实现外汇收入 2860 万美元。2018 年 4 月,中南卡通与马来西亚著名动画公司 Animasia studio 组建合资公司,宣布今后双方将共同开发国际化精品动画。

中南卡通在发展中面临的问题涉及人才、商业模式、技术、盈利风险以及政府监管五个方面,这些问题也是数字动漫产业整体面临的主要问题。从人才来看,动漫企业对高质量、复合型人才的需求大,要求具备专业性、创意理念以及丰富的创作经验,但现实中同时掌握艺术、美术以及计算机技术的高端人才相对匮乏,且相较于游戏企业,动漫企业对高端人才的吸引力相对薄弱;从商业模式来看,动漫的商业模式已比较清晰,而数字动漫作为新技术背景下的新业态,商业模式有待进一步探索和清晰化;从技术来看,数字动漫是内容创作和技术的融合,技术是为内容创作服务的,有待与内容创作进行更好地磨合;从盈利风险来看,动画作品盈利存在不确定性,受到产品认可度、媒体传播、制作期间市场变化等因素影响;从政府监管来看,对于动漫产品的制作和播出,政府部门有待进一步健全完善相应的监管机制。此外,虽然政府对动漫产业的扶持政策具有一定的持续性,但未来扶持力度可能有所变化。

当前,数字动漫产业机会与挑战并存。中国动漫市场的潜力持续扩大,我国有 2.4 亿小朋友,并且每年新增 300 万以上,同时成人动漫市场也在不断拓展。但随着国内动漫企业的成长,政府在未来可能逐步降低扶持力度,放松对境外动漫作品的播放限制,这将导致国内动漫市场的行业竞争不断加剧。在此背景下,中南卡通采取全产业链运营模式,通过释放产业链的乘数效应,使得动漫内容创意的价值不断得到提升。对于动画项目,立项阶段进行广泛的市场调查,深入了解市场需求,创造被社会大众广泛认可的动画产品及形象,形成后续衍生品开发的基础,亦有根据衍生品市场需求定制的动画。对于发行渠道,除原有稳定的播出渠道和网络外,积极拓展新媒体发行渠道,建立自有节目发行网络,同时建立完善衍生产品发行销售渠道。此外,中南卡通亦开始探索真人影视作品制作。2018 年 10 月 10 日,由天眼文化出品的第一部真人影视作品网剧《人间规则》在爱奇艺平台首播,豆瓣评分 7.2。

《人间规则》第一季收官后,《人间规则》第二季于 2018 年 11 月 14 日上线爱奇艺。

第五节　美盛文化

美盛文化创建于 2002 年 6 月,注册资本 4.46 亿元,创立之初为新昌美盛饰品有限公司,主要从事西方节日饰品的生产和销售,2010 年改制成立美盛文化创意股份有限公司,于 2012 年在深圳证券交易所挂牌上市。美盛文化现有员工 3000 余人,总部位于杭州,是一家跨领域、跨行业、跨平台的生态型文化企业,获得"国家文化产业示范基地""国家文化出口重点企业""国家文化出口重点项目"等多项荣誉。2017 年,公司营业收入为 91220.80 万元,比上年增加 44.07%,净利润为 19078.53 万元。2018 年上半年,公司营业收入 35512.70 万元,净利润 5088.42 万元,较上年同期下降 46.22%,主要是 JAKKS 联营企业投资收益减少所致。

从业务现状来看,美盛文化明确新昌基地、美盛游戏、美盛动漫、爱彼文化、美盛影业、JAKKS 美盛、美盛海外、美盛二次元、美盛电商等产业发展方向,主要涉足 IP、动漫、游戏、影视、衍生品设计研发生产等领域,经营 IP 衍生品、动漫、游戏、影视等文化类产品。公司及子公司的 IP 衍生产品主要作为文化消费品使用,动漫和影视作品主要通过电视台和网络渠道面向观众播放,游戏产品主要在国内大型游戏运营平台运营。

在核心价值优势方面,美盛文化专注于开发和培育优质原创 IP,一方面提升公司原创 IP 的丰富度,另一方面加强捕捉优质 IP 的能力。目前,美盛原创游戏业务和原创动漫业务发展良好,拥有"同道大叔"等国内知名原创精品 IP,拥有《小小勇者村》《纸牌三国》《光之契约》《挂出个大侠》《陆战风云》《行星远征》等优秀网页游戏和手机游戏以及《莫麟传奇》《爵士兔》《坦坦小动员》《星学院》系列等优秀原创动漫作品。多部动漫作品在央视、各大地方电视台及视频网站播出,并荣获多项大奖。2018 年 3 月,美盛爱彼原创电竞题材漫画《竞魂》登陆腾讯动漫、大角虫、网易漫画、有妖气等多家漫画平台进行全网发布。

在开放合作方面,美盛文化与顶级 IP 进行深层次的合作开发。从 2010 年开始,美盛就开始参加戛纳电视节,寻求各种合作机会。与迪士尼、漫威、任天堂等世界知名企业合作,共同开发"星球大战""冰雪奇缘""魔兽""超级马里奥"、漫威英雄系列等 IP 衍生品。2017 年上半年,美盛二次元与阅文集团达成正式合作,获得顶级国产漫画 IP《全职高手》的正版 Cos 周边授权,此是继《银魂》《初音》《月歌》等日本漫画 IP 之后,美盛文化首次和国产漫画 IP 进行版权合作,深度开发国产 IP。2018 年 6 月,《超人总动员 2》强势回归,其系列产品由 JAKKS 授权开发并同期上市,美盛文化与 JAKKS 合作销售《超人总动员 2》弹力女超人摩托车、发声小杰、快艇套装、迷你公仔套装等产品。

在平台部署方面,美盛文化具有完整的衍生品分发平台优势。设立了垂直电子商务平台悠窝窝,收购漫联贸易打造全方位覆盖的动漫服饰和 Cosplay 服饰等 IP 衍生品销售通道;通过收购酷米网,搭建了以儿童及家长为主要对象的动漫视听节目播出平台和互联网动漫娱乐服务平台;通过美盛游戏打造了美盛游戏平台和游戏港口等游戏类门户网站,为自身优秀游戏作品提供了稳定的运营平台;通过星梦工坊完善了演艺平台的建立,为公司自身核心 IP 提供了新的展示平台;通过投资瑛麒动漫,建立漫画分发平台;通过收购荷兰渠道商 ScheepersB. V,拥有了境外线上线下销售平台;通过与合作伙伴 Jakks Pacific 共同设立的杰克仕美盛营销平台,为国内的消费者带来国外最新潮的玩具、动漫服饰流行体验;通过投资 1001 夜,对原有的线上＋线下衍生品运营平台进行完善和补充,覆盖全国 800 余家线下门店,持续提高公司产业链变现能力;投资触手 TV,涉足直播这一新兴产业领域。目前,触手 TV 已成为国内最大的手游直播平台;投资 WeMedia 新媒体集团发起成立 WeMedia 自媒体联盟,该联盟已签约各行业自媒体精英近 500 人,覆盖逾 5000 万用户,是当前中国最大的自媒体联盟;投资同道大叔,以同道大叔个人 IP 为载体,以媒体运营、IP 内容开发与运营等形式构建泛娱乐消费平台。

从发展及未来规划来看,美盛文化的业务布局基于文化创意行业产业链和泛娱乐经营模式,致力于成为全球知名的文化创意类公司。基于自身优势的 IP 衍生品业务向泛娱乐其他业务板块延伸,重点开拓上下游业务,完善产业链,实现转型升级,构建"自有 IP＋内容制作(动漫、游戏、电影、儿童剧)＋内容发行和运营＋新媒体运营＋衍生品开发设计＋线上线下零售渠道"的文化生态圈。文化生态圈相关产业的联动发展又使得公司在 IP 衍生品领域的优势更为突出。美盛文化已初步实现全产业链布局,未来的发展将在巩固现有业务和产业链版图的基础上,统筹整合各方面资源,加强产品开发和市场拓展力度,实施转型升级和产业一体化战略,进一步完善产业布局,提升企业整体效益,打造综合性文化产业平台。发展重点包括增强对优质 IP 的发现、获取、开发及变现;加强原创内容的生产,打造企业原创 IP。此外,美盛文化在 AR/VR 领域进行了前瞻性产业布局,已与国内领先的 AR/VR 内容创造和发行商创幻科技和 VR 线下体验互动平台超级队长展开合作。

第六节　顺网科技

顺网科技(杭州顺网科技股份有限公司)创立于 2005 年 7 月,是国内领先的网吧平台服务商,目前有员工 1600 多人,获得"国家级高新技术企业""杭州市十佳文明办网示范单位""杭州市十佳科技创新企业""杭州市最具投资价值企业""高速成长企业""国家规划布局内重点软件企业"等荣誉称号。2010年 8 月,在国内创业板上市,成为行业首家上市公司。2018 年上半年,公司实现营业收入 100435.25 万元,较 2017 年同期增长 46.35%;净利润 29201.57万元,较 2017 年同期增长 29.12%。

从业务现状来看,顺网科技通过打造虚拟现实、电竞、顺网游戏、顺网娱乐在线、休闲娱乐平台、Chinajoy 线下盛会等服务网民用户,其主要业务体系由四大块组成。一是互动娱乐体系,包括顺网游戏、91y 平台、顺网宇酷;二是网吧管理体系,包括网吧管理(网维大师、游戏虚拟盘、网吧一体化解决方案、信佑、迅闪)、网吧计费(Pubwin、万象网管)、网吧经营(顺网网吧管家、网吧游戏广场、0013 网咖、万象网吧超市、增收宝)、网吧金融(贷 93);三是互联网应用,如 f1 浏览器;四是互联网增值业务,包括顺网星传媒、顺网网吧大联盟、Pubwin Media。2016 年 6 月,顺网科技收购全球数字互动娱乐展会服务商上海汉威信恒(China Joy 主办方)51% 的股权,推动线上线下相结合以及泛娱乐生态的延伸。

在技术研发和创新优势方面,顺网科技重视研发投入和技术更新,持续提升研发创新能力,在多项重点技术上一直保持领先优势,包括穿透还原的核心技术、虚拟磁盘、虚拟卷隐藏保护技术、虚拟文件系统、云系统读写分离技术、客户机与服务器之间的缓存调度技术等。随着10G、100G技术的成熟,边缘计算的发展,公司在大数据、高并发、低延迟传输方面不断加大投入,持续研究,使一台服务器能够为1000以上客户机提供操作系统服务与磁盘服务。另外,公司在操作系统方面经过10多年的研究积累,异构硬件远程自动安装技术有了突破性进展,客户机即开即用,无需安装任意驱动。

在平台规模和品牌优势方面,公司依托网维、计费、安全等软件在网吧行业树立了一流的品牌知名度,积累了极高的市场认可度。公司旗下的管理软件市场占有率超过70%,居行业第一。网吧是我国网民的第二大上网场所,公司依托强大的网吧用户基础,在发挥平台规模优势的同时,依托公司大数据分析平台,聚焦用户需求,从PC端向移动端不断延伸,服务于多场景下的用户,有望进一步提升公司的业务规模,不断巩固公司在行业中的领先地位,打造业内领先的互联网泛娱乐平台。

当前,顺网科技发展中面临的挑战涉及人才、创意和品牌三方面。从人才来看,虽然公司在技术、运营、渠道推广等方面积累了大批人才,拥有丰富的管理经验和行业资源,但高端人才依然稀缺,用人成本较高,且存在与大型互联网企业间的人才竞争;从创意来看,需要激发创意,对产品和服务进行前瞻性部署;从品牌来看,产品和服务的运营需要更充分地发挥品牌效应。

就未来的发展规划来看,顺网科技制定了"两翼一体"的战略规划,深度聚焦用户需求,加大投入,发挥公司技术优势,不断推陈出新,孵化培育新产品和新业务,构建大数据分析平台,打造新型的互联网生态体系。顺网科技以互联网娱乐平台为定位,通过产品技术优势和外延式发展,完善产品和服务体系,确定了六大发展方向:VR,2015年下半年开始布局,与HTC签署战略合作协议,发展线下VR经营渠道;手游,之前做PC端游戏,逐步转向手游领域;基础业务,网吧的网维产品,继续引领行业发展,成功推出网吧行业第三代产品——顺网云;互联网金融,主要为网吧业主提供融资服务,将来从服务网吧业主拓展到服务网吧用户;会展,现以汉威运营为主,逐步转移至顺网运营;PC游戏,创新游戏合作运营平台,探索推广网吧电竞合作新模式。此外,2015年下半年,顺网科技还与杭州余杭区政府签订框架协议,牵头共建大型文创产业项目——杭州彭公网游小镇,投资 35 亿元,集产业会展、电竞比赛、VR 研发体验、IP 影视制作、网游产业孵化、网游主题园区和休闲度假等多种业态于一体,旨在打造全国泛娱乐产业集聚区及"中国网游第一镇"。2017 年正式动工,预计三年后开园。

第七节　天格科技

天格科技(杭州)有限公司(天格科技)成立于 2005 年,是集互联网娱乐产品研发、技术服务、运维于一体的高新技术企业,也是国内最大的视频互动社区运营商,目前员工规模近千人,运营收入主要包括平台技术服务收入和用户充值两部分。下属天鸽互动(天鸽互动控股有限公司)创立于 2008 年 7 月,是我国最大的实时社交视频平台之一,于 2014 年 7 月在香港地区主板上市。2017 年,天鸽互动实现营业收入 2.31 亿元,比 2016 年下降 6.9%;实现净利润 8561 万元,比 2016 年下降 7.5%。截至 2017 年 12 月 31 日,天鸽互动注册用户总数达到 3.78 亿(截至 2016 年 12 月 31 日为 3.20 亿),月度活跃用户由 2016 年同期的 1920 万增至 24000 万。

从业务现状来看,天格科技以视频社交为主营业务,旗下移动直播有喵播、水晶直播、欢乐直播、疯播、9158 直播等 APP,以及 9158 视频社区、新浪 SHOW、新浪秀场、心意吧、欢乐吧等 PC 视频社区。对于移动直播平台的打造,天格科技致力于促进移动直播平台与相机、短视频、社交、游戏等的融合,以促进核心业务的协同发展,并提高客户忠诚度。

在核心优势方面,天格科技以"美女经济"为核心,竭力在二三四线城市提供综合娱乐及相关服务,利用大数据为用户提供定制化信息推送服务,满足用户全方位的娱乐体验。在技术创新方面,天格科技开发并运营能让用户通过视频、语音、文字及虚拟物品的交换来进行互动的实时视频技术,多款产品技术系自主研制开发,拥有 40 多项产品证书和技术专利。2008 年获得浙江省科技厅专项——绿色互联网内容管理,这项技术有助于更好地进行互联网内容监管,识别率达到 90%。在对外合作方面,天格科技积极寻求与优秀企业的深度合作,以实现与各行业的优势互补。2017 年,天鸽互动投资 360

旗下的花椒直播,开展战略合作,既涉及用户流量,也有技术方面的合作。2018 年 1 月,天格科技宣布投资"无他相机",开启了"直播＋相机"的新业态、新模式。"无他相机"在实时美颜、AR、人脸识别等方面有着过硬技术,非常契合天鸽互动旗下"移动＋PC"双直播平台、短视频、相机 APP 等泛娱乐板块的布局。天格科技还积极开发大陆以外市场,尤其是中国台湾地区、香港地区,及东南亚市场,还有中东这些"土豪"市场,来自大陆外的收入占天鸽互动总收入约 10％。经过中国这样的大市场磨炼以后,天格科技在海外市场开发中具备相当的优势。

不过,天格科技发展中仍然面临来自技术、商业模式、监管、人才等多方面的挑战。视频社交领域相关的技术发展促使移动直播平台需要不断地更新升级;商业模式需要根据市场环境的变化而相应更新调整;政府对网络内容的监管明显加强,要求企业加强对内容的自我监管;拥有专业技术、丰富行业经验的高端人才相对匮乏。当前,直播行业的市场已经基本饱和,每新增用户成本明显增长。在此背景下,天格科技未来的发展规划,是在拥有一定的网络资源和用户资源的基础上做好主营业务,向互联网金融服务做一些延伸,向三四线城市发展,投资和收购产业链上的相关企业,寻求有利于企业未来发展的外部战略合作。

第八节　华数传媒

华数传媒(华数传媒控股股份有限公司)隶属于大型国有文化传媒产业集团——华数数字电视传媒集团有限公司(华数集团),于 2009 年 12 月设立,是一家从事有线电视网络运营和新媒体全业务运营的公司。2012 年 10 月,华数传媒借壳 * ST 嘉瑞在深交所主板市场挂牌上市。公司在市场竞争严峻、有线网络转型升级的行业背景下,坚持围绕"新网络＋应用""新媒体＋内容"和"大数据＋开发"三大战略,全面建设"智慧化新网络""融合化新媒体"和"数据化新平台",通过升级智慧家庭、推进智慧广电等多方面经营举措,保持业绩稳健增长。2018 年上半年,公司实现营业收入 156057.12 万元,比上年同期增加 6307.16 万元,同比增长 4.21％,净利润为 31691.69 万元,同比增长 2.97％。

从业务现状来看,华数传媒主营杭州地区八区五县(市)有线电视网络节目内容传输业务及包括互动电视、互联网电视、手机电视和互联网视听等在内的新媒体、新业态业务。视音频是华数传媒的核心业务。从最初的数字电视,到后来的互动式交互电视,再到现在多频融合的新媒体,在视音频方面,华数传媒的技术、产品、服务一直走在全国前列。针对多频融合,立足于电视机业务,目前在手机电视、互联网视频、平板电脑、地铁、公交等,只要有显示屏的地方,华数传媒的业务无处不在。在视音频业务领域,华数传媒集产品、技术、研发、服务、渠道为一体,相对来说是一个小的闭环生态,给用户提供端到端、从线上到线下、从硬件到软件的整体服务架构。相较于互联网企业提供的 OTT 服务,华数传媒采取的是完全不同的商业模式,具有正向、稳健的特征,用户的 UP 值(活跃值)和黏度也远高于一些互联网企业。

在业务优势方面,华数传媒还具有成熟业务与高成长业务相结合的优势。公司有线电视业务及互动电视业务具有垄断性、稳定性的特点,作为杭州地区唯一的有线电视传输运营公司,存在着行业上与地域上的垄断优势,在全国范围内的互动电视、手机电视以及互联网电视业务又具有很好的增长性。公司作为稳定业务与增长业务的结合体,在保证稳定收益的同时明确了未来发展的空间,稳定业务所带来的现金流也在一定程度上支持了高增长业务的发展。

在融合优势方面,华数传媒在杭州地区拥有独有的有线电视网、优质的宽带网络,并通过互动电视业务等新媒体业务的发展来提高宽带网络的使用率。同时,公司采用宽带网络服务与有线电视、新媒体业务捆绑销售的策略,给客户一站式的服务体验,有助于增强对用户的吸引力。

在资质优势方面,华数传媒既拥有开展有线电视网络运营业务所需的广播电视节目传送业务经营许可证,还同时拥有新媒体业务所需经营资质,包括开展互联网视听业务、互动电视业务、手机电视业务的信息网络传播视听节目许可,开展互联网信息服务的增值电信业务经营许可证及开展互联网电视业务的许可。上述经营资质和许可是公司利用有线网、通信网、互联网向用户提供视音频综合信息服务的基础保障,也是公司列居全国新媒体和三网融合第一阵营的独有优势。

在市场优势方面,华数传媒得益于起步早和纯市场化的运营,在战略布局和战术安排上已经赢得了一定优势,与多数厂商、运营商已形成良好的合作基础。在新媒体领域,华数传媒为全国20多个省、百余个城市的广电网络提供互动电视内容、增值服务及解决方案,覆盖全国90%广电企业;互联网电视终端覆盖规模超过1亿台,激活点播用户超过8000万。此外,公司在杭州地区拥有宽带网络用户超过90万,丰富的产品类型,贴合用户需求的服务,使得公司拥有稳定的忠实用户群。

在内容优势方面,公司拥有庞大的版权节目资源,积累了800家全球内容合作商,并吸纳国内外知名节目内容供应商和众多普通节目内容供应商参与建设节目内容合作体系。公司拥有百万小时的数字化节目内容媒体资源库,内容包括电影、电视剧、综合资讯节目、娱乐综艺节目、原创动漫节目和音乐节目等。雄厚的媒体资源储备为与运营商和终端生产厂商的长期合作奠定了基础,为用户提供强大的收视保证。同时,除了购买版权,公司通过参与投拍、股权投资等多种手段加大投入扩充公司版权资源,实现差异化的竞争优势。

在机制优势方面,华数传媒在国有控股的资本构架下,实现了完全市场化的运营管理模式,在业务发展的过程中,很早就形成了以业务拓展和市场需求为导向,扁平化、市场反应迅速的经营管理优势。通过非公开发行引入云溪投资作为战略投资者,云溪投资成为华数传媒第二大股东,这是国内文化产业混合所有制改革的一次成功尝试。

在消费升级、个体崛起的时代,传统的看电视方式正在改变,用户的要求也越来越高。在此背景下,华数传媒正寻求业务拓展与转变。一是不断整合更大规模的用户将其纳入服务体系,将省网用户纳入上市公司。按照用户的UP值估算,未来上市公司的体量还有5—8倍增长,营收体量会达到一线互联网视听企业的规模,并能实现高达几十个亿的净利润。二是基于稳健的业务模式,投入新的、前瞻性的领域,包括CG、VR/AR技术等。如上线VR有线网络频道,不仅上线频道,还提供配套眼镜、增强的视觉设备等,让用户有更好的体验。上线真4K服务,为用户提供高品质的4K观看体验。三是在内容生产方面,每年投入5—6亿元进行内容建设,除采购国内外影视版权外,还投资影视制作工作室、影视文化公司等,分享由他们创作的内容。此外,华数传媒还在探索开展原创内容制作,并寻求差异化竞争,比如开发 VR/AR 的教育类课件。作为一家国有企业,华数传媒提出其承担的社会责任大于经济责任,其发展是渐进式的,并以现实的用户利益为出发点和落脚点。

第九节 杭州日报

杭州日报(杭州日报报业集团)前身为杭州日报社,创刊于 1955 年 11 月 1 日,是中共杭州市委机关报。2001 年 11 月,成立杭报集团。2005 年 12 月,组建杭报集团有限公司。作为中国报业集团第一方阵的一员,杭州日报努力推进媒体融合发展,着力于区域领先优势的构建和确立,借助资本市场做强做大党报媒体产业,以确保公司通过转型升级加快发展。2015 年 1 月,下属的华媒控股股份有限公司在深交所挂牌上市,成为国内第三家实现传媒经营性资产整体上市的党报集团。2018 年上半年,华媒控股实现营业收入 75238.72 万元,同比基本持平,净利润为 3214.58 万元,同比上升 17.00%。

从业务现状来看,杭州日报的业务范围有传统报刊、新媒体、同城配送、商务印刷以及户外广告。传统报刊形成了以《杭州日报》为核心,以《都市快报》《每日商报》为主力,以《萧山日报》《富阳日报》《余杭晨报》《风景名胜》杂志、《休闲》杂志等特色报刊为辅翼的传统媒体集群。新媒体包括城市社区网站"十九楼""杭州网""快房网""萧山网"等网站以及"城事通"APP、"杭州日报"官方微信和官方微博等。同城配送是旗下负责报刊投递和部分征订、同城配送、DM 广告等的每日送电子商务。商务印刷是旗下的盛元印务。户外广告是旗下的风盛传媒。杭州日报旗下的业务具有较高的区域影响力。《杭州日报》是中共杭州市委机关报,以不可替代的权威性、公信力成为杭州市域第一主流媒体。《都市快报》在媒体影响力和市场份额方面,持续居于省内都市报领先地位。《萧山日报》《余杭晨报》和《富阳日报》,均为所在区域党报性质的权威报纸,其中,《萧山日报》影响力和经营水平持续多年居于全国同类型报纸前茅。杭州网是国家一类新闻网站、杭州市属唯一新闻门户网站,综合传播力名列国内同类网站前茅。

杭州日报具有公共资源、教育资源、用户平台集聚等优势。在公共资源优势方面,作为国有文化企业集团,公司拥有良好的政府资源和公共关系资源优势。杭州日报得到各级政府的高度重视和大力支持,在文化体制改革中得以享受政策优惠。2018 年上半年,公司举办了包含第二届万物生长大会、第二届杭州(国际)未来生活节等各类大中型会展,进一步扩大了公司会展品牌的影响力。在教育资源优势方面,杭州日报的教育业务已经涵盖职业教育、国际教育、IT 教育、艺术教育、在线教育、幼儿教育和假期培训等板块,板块布局完整。其中,职业教育继续维持在区域范围内的领先优势。在用户平台集聚优势方面,拥有现代传媒集群核心平台、文创园区运维平台、文创投融资和交易平台,以及城市生活服务平台等四大平台。公司运营的报刊媒体、互联网站点和移动互联网产品,共同构成平台坚实基础。公司平面媒体订阅户近百万。为适应移动互联网时代,公司积极开发新型媒体产品,各类新媒体产品包括手机 APP、微信公众号、移动视频产品、官方微博号和互联网社区等,已经拥有各类网站 20 家,手机 APP 12 个,微信公众号 108 个,微博官微17 个,手机报产品 9 个,数字报产品 5 个,拥有用户数(含 APP 活跃用户、微信订阅数、微博粉丝数、社区注册 ID、移动视频订阅户等)1.83 亿,为报业集团媒体公信力和公司经营的市场影响力打下了扎实的用户基础。

在传统纸媒读者减少、效益下滑的危机下,杭州日报全媒体新闻中心作为应对危机的改革举措应运而生,于 2013 年 8 月成立。全媒体新闻中心包含《杭州日报》(纸媒)、杭报在线(网站)、"城事通"APP、"杭州日报"官方微信、"杭州日报"官方微博五大传播平台。目前,全媒体新闻中心有人员 50 多人,包括记者、新媒体编辑、技术人员等。从内容生产的角度,中心的作用有二。一是作为党媒,构建政府与民众的桥梁,将一些晦涩难懂的内容进行创意化表达,更好地为民众所接受;二是报道社会新闻。

当前,全媒体新闻中心存在的问题涉及人才和创意两方面。从人才上来说,创意型人才相对匮乏。因为中心对人才的复合型素质要求较高,既要懂得采编,也要有一定的设计、营销以及全媒体形态报道等能力;从创意来说,创意的难度在增大,同时创意很难复制。未来,杭州日报将进一步推进中央厨房建设。中央厨房是媒介融合的创新举措,是涉及内容生产、分发传播、整合运营的综合性平台,人民日报、南方周末、重庆日报等各大媒体都在探索建设中央厨房。杭州日报将扩大中央厨房的物理空间,同时在时政报道、重大主题报道之外,加大中央厨房的日常使用,将其运用于全员、全程、全部的报道。

第十节　思美传媒

思美传媒(思美传媒股份有限公司)是一家综合服务类广告企业,是我国 4A 成员单位,中国壹级广告企业,曾获得中国创新传播大奖、金印奖、中国广告长城奖、金投赏国际创意节奖项、虎啸奖、ECI Awards 奖等,现有员工 600—1000 人。思美传媒以"全景·精准·传播"为定位,以创造优质内容为核心,为客户提供从品牌管理与广告创意、娱乐内容营销、数字营销、全媒体策划及代理、公关推广到效果监测的全方位整合营销服务,全面提升客户的品牌价值。公司的主要业务类型有营销服务、影视内容、数字版权运营及服务等。2014 年 1 月,思美传媒在深圳证券交易所挂牌上市。2018 年上半年,公司实现营业收入 258807.92 万元,同比增长 43.47%,净利润 17409.32 万元,同比增长 28.67%。其中,营销服务业务收入 197394.46 万元,同比增长 38.78%;影视内容业务收入 55034.16 万元,同比增长 70.95%;数字版权运营及服务业务收入 6379.30 万元,同比增长 6.88%。

从业务现状来看,思美传媒以大企业为主要服务对象,提供整合营销传播服务,旗下有思美数字、思美创意、思美媒体、思美影视和思美户外五大板块。思美数字为客户提供精准高效的新媒体整合传播方案;思美创意为客户提供从品牌战略规划到传播实施以及市场推广的全程服务;思美媒体为客户提供量身定做的全国媒体推广服务;思美影视为客户提供以影视娱乐为代表的全方位内容营销服务;思美户外为客户提供户外媒体策划和执行的服务。从营业收入来看,互联网广告带来的营业收入在所有业务中已占最大比例。思美服务客户的广告涵盖门户网站中进行品牌宣传的硬广告、讲求精准和效果的流量类广告(如百度搜索、微信朋友圈广告)以及社会化媒体营销(如微电影、互动创意、病毒营销、网红直播)等。从技术来看,思美传媒最早是技术公司,靠二维码、APP 起家,后来自行研发管理操作系统,投资技术类企业,发展互联网广告 DSP(Demand-Side Platform,意为"需求方平台")。从新业务来看,联合出品了《莫斯科行动》《温暖的弦》等影视作品,合作推出了浓香型白酒"品花酿"(电视剧《烈火如歌》)、特型黄酒暖心酒"小本"(电视剧《天乩之白蛇传说》)。综艺节目方面,向客户提供《极限挑战》《二十四小时》等爆款综艺的内容营销服务,均取得了不俗的成绩。此外,公司还参与了"杭州亚运会市场开发推介会"的相关筹备工作。

思美传媒的核心竞争力主要体现在公司形成了以内容为核心的多层次产业化平台。公司通过多年发展与外延并购,积累了大量的优质客户。公司秉承"以需求为驱动,以内容为核心,以价值为目标"的战略理念,根据客户的不同需求,采用多样化的内容展现客户产品,传播客户品牌价值。公司通过业务模式的创新与多方位的合作,以内容为核心,通过资源整合,不断完善产业布局,提供更加多元化的服务,帮助客户在新的挑战中抓住先机,创造价值。

当前,思美传媒面临的挑战包括人才和商业模式两方面。从人才来看,整体上人才相对缺乏,既存在基层人才输出的问题,也存在人才流失的问题。从商业模式来看,互联网知识更新迭代速度加快,广告的商业模式受到很大冲击。在广告业的业务范围、服务形式不断变化的背景下,思美传媒未来将持续重视人才和创意。创新型人才是创意产业的核心价值,汇聚优质人才资源,才能在同行竞争中占据优势地位。此外,思美传媒未来在以内容为核心的多层次产业化平台的基础上,通过资源优化整合和运营模式创新,打通上下游的产业化运营,向体育产业、内容衍生品开发等泛娱乐领域纵深发展。

第十一节　咪咕数媒

咪咕数媒(咪咕数字传媒有限公司)是中国移动旗下开展数字出版、新媒体业务的专业公司,于2014年12月成立,前身是中国移动手机阅读基地。目前,咪咕数媒有员工300多人,其中技术人员200多人。2015年,咪咕数媒全网收入达56亿元,累计培养了4.5亿用户的数字阅读习惯。截至目前,咪咕阅读业务平台汇聚了近50万册精品正版图书内容,涵盖图书、杂志、漫画、听书、图片等产品,同时打造了规模达5000万用户的手机书友悦读会,每年在全国100多个城市举办超过500场名家活动。咪咕数媒也是国内极具影响力的手机新媒体平台,合作媒体超过 300 家,手机报品类达 200 余种。

从业务现状来看,咪咕数媒围绕文字、声音和人工智能开展业务,旗下产品主要包括咪咕阅读、企业阅读、灵犀以及其他衍生产品。咪咕阅读是集阅读、互动多种功能于一体的全能型阅读器软件,拥有出版图书、原创小说、杂志漫画、听书等多种内容形态。企业阅读是为政府、企业打造属于其自身的掌上图书馆,提供精品图书、内部资讯行业动态、学习课件等内容。灵犀语音助手是对中文进行综合识别的智能语音软件。在技术方面,咪咕数媒不断推进大数据、人工智能等技术研发。2015 年 8 月,咪咕数媒与科大讯飞签署合作协议。科大讯飞利用其智能语音与人工智能技术,为咪咕数媒旗下的产品和服务提供支持。

近年来,咪咕数媒不断在数字内容产业领域深耕,同时也努力探索新的收入增长点。2016 年,根据市场形势和自身实际,咪咕数媒提出了"三全三者"企业使命,即要做"全媒出版的创新者,全民阅读的践行者,全新知识的传播者"。

面向产业,做全媒出版的创新者。作为国内领先的数字内容汇聚和分发平台,咪咕数媒在产业中具有标杆性的示范意义,打造的"纸质出版、电子出版、有声出版、视频出版、衍生出版"五位一体的全媒体出版模式,几乎囊括了整个数字阅读产业链。通过引进版权、自签约作家、自出版图书等方式,在构建正版图书汇聚平台的同时,建立起数字版权库。开展重点 IP 项目孵化,构建全 IP 产业链,不断放大产业价值。开展创新项目,如咪咕中信书店、咪咕京东书城、咪咕 Kindle 等。在 IP 竞争白热化的市场环境下,咪咕数媒推进全 IP 布局,通过合作版权推广、自有作者作品签约、全版权运营等方式,积极对接市场趋势,在以单一合作版权为来源的咪咕阅读业务模式基础上,布局以自有版权为基础、多元化拓展图书 IP 版权商业价值为核心业务的咪咕文学,实现合作版权和自有版权同步运营,尝试从数字阅读运营商向 IP 运营商转型。

面向社会,做全民阅读的践行者。咪咕数媒开展"悦读中国""悦读会大家"等活动,并承办中国数字阅读大会,推动《中国数字阅读白皮书》的发布,通过咪咕阅读、咪咕中信、咪咕听书等 APP 精准定位不同客户群,扎实推进书香社会的建设,让更多的人能够享受阅读的乐趣。2017 年,咪咕阅读冠名的汉字听写竞技类文化综艺节目《汉字风云会》登陆浙江卫视、咪咕视频,该节目传递学习汉字、正视传统的正能量，致力于推动传统文化的发展。咪咕阅读非常重视用户互动和读者体验，开创性地推出"9.9元/月畅读全站"服务，相当于以每1万本书0.2元的价格造福热爱各类书籍的阅读爱好者。咪咕阅读全站图书都可使用"看听结合"的功能，该功能运用了全球最先进的TTS智能语音技术，另外还有多种真人声音供选择。全IP运营是咪咕阅读这几年主推的战略。从唐家三少的《拥抱谎言拥抱你》到天蚕土豆的《元尊》、梦入神机的《点道为止》等，咪咕数媒不但实现了优质作品首发，还联合产业链上下游合作孵化优质原创IP，参与版权开发的源头阶段。通过平台推动IP的诞生与发展，再通过IP的火爆反哺平台，全IP战略取得了丰硕成果。

面向用户，做全新知识的传播者。咪咕数媒一直以来都以传播优秀文化和助力传统媒体转型为使命，通过咪咕阅读、在线教育、灵犀智能语音等多领域产品，以创新的方式传播知识，从传统数字阅读拓展到有声阅读、电子书等全新内容形态，富媒体展现，优化用户的阅读体验。除了主打产品"咪咕阅读"APP之外，咪咕数媒还推出了面向企业的政企阅读客户端，面向高端商务人群的咪咕—中信书店客户端，并将产品线推向了新闻资讯、在线教育、智能语音等领域，在丰富内容形态的同时，也扩大了用户获取新知识的选择面。咪咕数媒创新文化传播业态的做法得到各界肯定，获得国际产权组织版权金奖(中国)、第三届中国政府出版奖、第四届中国数字出版博览会"数字出版年度示范企业"、浙江省委宣传部"全民手机阅读基地"、浙江省重点创新团队(文化创新类)、中国互联网百强企业等荣誉奖项和称号。

第九章　杭州互联网文化产业发展趋势

　　2018 年 11 月,世界互联网大会蓝皮书发布数据显示,我国数字经济总量在 2017 年达到 27.2 万亿元,数字经济对 GDP 增长贡献率达 55%。[①] 预计到 2035 年我国数字经济规模将达 16 万亿美元。[②] 互联网文化产业作为数字经济的重要组成部分,是以互联网为代表的信息技术与文化创意的结合,已成为新的经济增长点。在技术、政策、资本、市场、资源等诸多方面因素的驱动下,杭州互联网文化产业发展势头强劲,已形成包括数字娱乐、数字传媒、数字出版等在内的较为完善的产业体系,并涌现出阿里巴巴、网易、华策影视、中南卡通、美盛文化、顺网科技、天格科技、华数传媒、杭州日报、思美传媒、咪咕数媒等领军企业。杭州互联网文化产业当前的发展趋势表现在三大方面,一是文化内容与数字技术的跨领域融合。文化内容与数字技术走向深度融合,改变文化产业的生产、传播、消费方式,进一步促进产业创新与转型升级。二是互联网平台与 IT 技术的产业链延伸。以互联网平台和 IT 技术为重要支撑,构建涵盖不同规模企业、不同类型业务的互联网文化产业生态链,推动产业体系进一步拓展完善。三是政策与市场共同驱动的催化式发展。在政策与市场的利好条件之下,包括人才、资本等在内的资源要素向互联网文化产业领域集聚,形成互联网文化产业发展高地。可以预见,未来杭州互联网文化产业的竞争力、影响力将进一步提升,成为引领和推动杭州市经济社会发展的重要力量。

　　[①]　世界互联网大会蓝皮书发布 中国数字经济总量达 27.2 万亿元[EB/OL].新华网,2018-11-8: http://www.xinhuanet.com/2018-11/08/c_1123685333.htm.

　　[②]　数字文化产业万亿市场待开启[EB/OL].搜狐网,2018-7-24:http://www.sohu.com/a/243071518_618585.

第一节 文化内容与数字技术的跨领域融合

互联网文化产业本质上是一种跨领域融合产业,特别是要将"文化内容"与"数字技术"有机地融合在一起。二者的融合首先是建立在文化与技术分别得到充分发展的基础上,这就要求不断开发优质文化内容资源,以及推动数字技术创新发展。其次是明确文化与技术两者的发展是不可分割的,坚持融合发展的理念,以技术开发文化,以文化充实技术,彼此联动,相得益彰,才能催生出优秀的互联网文化产品与服务。杭州互联网文化产业多年来的发展,已经明显呈现出"文化内容"与"数字技术"跨领域融合的特征,但尚处于探索阶段。未来,"文化内容"与"数字技术"之间的交叉、渗透和融合将更为广泛和深入,由此创造出更高的经济社会价值。

优质文化内容为杭州互联网文化产业发展提供了基础条件。杭州市是一座历史悠久的文化名城,有大量的自然及人文景观遗迹,也有众多的非物质文化遗产资源。多年来文化产业的发展也积累了诸多文化创意品牌,比如节庆类的中国国际动漫节、中国杭州文化创意产业博览会等,以及网易的《阴阳师》《第五人格》等游戏品牌,中南卡通的《乐比悠悠》《天眼》等动漫品牌,华策影视的《孤芳不自赏》等网剧品牌。但是,目前这些文化内容已产业化开发的部分与其潜在的价值仍存在较大差距,有待进一步挖掘其内在经济、社会价值,使其转化为契合消费者需求的、有品质的文化产品和服务,并促进其传播与消费,如此,在这些文化内容释放巨大消费潜能、创造巨额效益的同时,也有助于激发城市文化活力,提升城市形象和美誉度。传统的文化资源开发手段存在一定的时空限制,数字技术的融入将有助于实现文化资源的价值最大化,增强优质文化内容的传播范围和渗透力度。比如,文化遗产、文物借助数字技术,变得"活"起来、"火"起来,实现创造性转化和创新性发展,不断产生新的惊喜。故宫博物院通过新媒体宣传、衍生品开发、品牌授权等方式,对其历史文化 IP 的开发是一个范例。杭州市未来在此领域前景广阔,其拥有的优质文化内容将成为数字技术大显身手的基础。

新一轮数字技术革新为杭州互联网文化产业创造了发展机遇。全球范围内,新一轮数字技术革新方兴未艾,正处于加速更迭、加深创新的重要时期,并且正广泛、深入地融合、渗透到经济社会生活的方方面面,带来产业革命和社会变革,成为影响社会生产力进步和人类文明发展的主导性力量。技术创新与产业化开发互补增益、共生共赢,物联网、大数据、云计算、虚拟技术、裸眼 3D、交互娱乐引擎、互动影视、移动互联网、人工智能、空间和情感感知等一批数字技术快速发展,迫切地需要具体的场景和领域来应用,使得这些技术能真正地转化为生产力,创造出新的、高附加值的产品和服务,促进技术和产业的协同发展,形成技术推动、产业拉动的双向良性循环。杭州市作为高新技术产业基地、首批国家级文化和科技融合示范基地和中国电子商务之都,拥有电子商务、云计算、数字安防等有全球影响力的高新产业集群,数字技术的创新发展与应用已经成为城市经济社会发展的新基因,是高质量发展的强大引擎。2018 年 10 月,云集全球高科技的杭州·云栖大会在杭州市云栖小镇举行。杭州市的创新驱动发展之路是以数字经济为主线,全面推进数字产业化、产业数字化和城市数字化"三化融合"协同发展之路。互联网文化产业是其中重要的构成部分,既是数字文化产业化、文化产业成为新兴数字技术的重要应用领域,又是文化产业数字化、传统文化产业在新兴数字技术推动之下的转型升级。

得益于丰富的文化内容资源,以及数字技术创新性发展,杭州正成为文化内容与数字技术跨领域融合的领先城市。以物联网、大数据、云计算、虚拟技术、移动通信、人工智能等为代表的新一代数字技术的发明及广泛应用,为互联网文化产业的内容生产、表现形式、产品流通、商业模式等都带来了革命性的变革,推动传统文化产业数字化转型,不断催生出新模式、新业态,产生 1+1>2 的效应。未来的融合不再是早期的简单互动,而是更深程度、更高层面的融合。这要求互联网文化产业必须具有前瞻意识和开放理念,创新性地应用新技术,释放数字化对文化产业发展的放大、叠加和倍增作用,不断拓展产业边界,开发新兴消费市场,让数字文化产业化与文化产业数字化并进齐飞。

文化内容的生产、流通、消费各个环节正变得越来越数字化,越来越依赖数字技术。未来,文化内容与数字技术的联结将更为紧密。随着数字技术越来越成熟,断点和障碍将进一步被打破。从生产领域来看,数字创作、网络协同等手段,有利于提升文化内容创作的效率,也有利于创造一些丰富生动、受众体验感更好的作品,实现文化内容的保真提质,实现内容升级,更好地满足消费者不断升级的文化消费需求。比如通过 AI,绘制图画、创作音乐以及进行写作等。比如基于大数据技术和互联网,通过收集和研究受众需求,在影视作品制作的前期阶段加强受众参与,甚至让受众参与剧本创作、角色选取等,从而创造出优质、广受欢迎的影视作品,降低市场风险。再比如基于裸眼3D、VR 技术等,提高影视作品的观看体验,为影视产业注入更多活力。从流通领域来看,借助新一代数字技术,以网络化为特征的传播模式提高了文化作品的传播效率,拓展了传播范围,增强了文化作品的知名度和影响力,为粉丝经济、共享经济的发展提供了重要支撑。比如通过整合数字营销手段,以优质内容为核心,快速集聚大量有效粉丝,促进"粉丝经济"。再比如基于物联网、大数据、云计算、AI 技术等,以数字平台为载体,更有效地整合和集成各种不同来源、不同种类的文化资源,发展共享经济。从消费领域来看,优质、多样的互联网文化产品与服务,通过延伸产业链,丰富了变现渠道,以及通过个性化定制、精准化营销等方式,在适应和满足民众文化消费需求的同时,不断地挖掘消费潜力,引导、培育、扩大大众文化消费。比如基于大数据的用户行为分析以及 AI 技术,实现更加精准、个性、及时的数字内容推送和消费响应。再比如,数字技术推动了文化产品与服务消费升级,越来越多的消费者购买会员制、体验型的互联网文化产品和服务,诸如视频、文学、音乐等网站和 APP 的付费会员数量不断增长。

文化内容与数字技术的跨领域融合还体现在,在数字技术的助力之下,打破行业内部细分领域以及行业间的边界,使得文化产业内部以及文化产业与其他产业领域互相交融,不断地优化价值链,延伸产业链,推动传统产业的转型升级,开拓发展新兴产业领域,形成以文化创意为核心的产业集聚,产生巨大的联动效应,进而加快文化与经济的融合趋势。一方面,依托数字技术,文化内容实现了更加多元化的载体,比如一个优质 IP,可以有文学、游戏、动画、漫画、音乐、电影、电视剧、舞台剧以及衍生品、主题公园等多种表现形态和消费体验方式,不同的载体互相关联、互相促进。文化产业的细分行业领域产生了更多的交叉、渗透,从而带来了更大的市场和商机。从杭州市文化企业的实践来看,大量企业在积极布局互联网文化产业生态链,以文化内容为核心,以数字技术为支撑,整合要素资源,拓展业务范围,打破产业壁垒,探索产业跨界。比如以动画为主营业务的中南卡通开始涉足网剧制作,第一部网剧《人间规则》已经登录爱奇艺网站。再比如网易推动游戏 IP 向漫画、动画、电影、网剧等转化。另一方面,在数字技术的支撑下,文化内容向其他产业领域渗透,包括工业制造、教育培训、物流贸易、建筑、农业等领域,文化创意与实体经济的融合不断深入,产业间边界日趋弱化和模糊。比如越来越多的文化内容通过形象授权、创意设计等方式,融入工业制品的设计与制造,提高产品的附加值,推动传统制造产业高端化、高级化发展,这符合当下日常生活审美化的趋势。在数字技术的推动下,艺术与生活的距离被日益消弭,艺术与生活互相转化,大工业批量生产的工业制品增添文化创意元素后变得越来越精致、美观,不仅好用,而且好看,成为艺术或审美的对象。

第二节　互联网平台与 IT 技术的产业链延伸

以具备较强竞争力的优势产业、龙头企业为核心,引导布局互联网文化产业是很多国家、地区发展互联网文化产业的重要策略。通过充分发挥优势产业、龙头企业的集聚效应、带动效应、外溢效应,同时大力支持和推动中小微互联网文化企业发展,形成门类齐全、优势突出、结构合理的产业链生态,实现协同共生、集聚共赢,从而构筑区域互联网文化产业的核心竞争力,推动互联网文化产业快速发展。杭州互联网文化产业目前及未来的发展正遵循着这一路径,依托互联网平台和 IT 技术优势,进行产业链上下游布局,不断延伸产业链,推进一体化和多样化扩张。

杭州互联网文化产业的发展无法绕开阿里巴巴这个世界级的互联网企业,虽然阿里巴巴的主营业务是电子商务,但随着业务领域的拓展以及技术的创新发展,已经成为一个囊括电子商务、金融、本地生活 O2O、教育、旅游、汽车、房产、医疗健康、硬件、游戏等多领域的商业生态系统,其中阿里"大文娱"板块囊括了阿里巴巴集团旗下的阿里影业、合一集团(优酷土豆)、阿里音乐、阿里体育、UC、阿里游戏、阿里文学、数字娱乐事业部。① 阿里巴巴在云计算、大数据分析、人工智能、安全及物联网应用等领域拥有优势,为电商业务、数字媒体及娱乐业务提供了有力的技术支持。除阿里巴巴之外,网易也是国内外领先的互联网企业,其主营收入为游戏,其次是电商,其他业务包括邮箱、新闻、在线音乐、在线教育等,在场景化云服务以及大数据管理、分析与应用领域具备技术优势。杭州市还拥有一大批中小型互联网企业。拉勾网和网易联合创新中心的报告显示,至 2018 年杭州互联网公司数量占全国比例为 6.5%,仅次于北上广深,每年保持 40% 以上的增速,2018 年同比增长 46%,超过北京、上海等一线城市增速。② 可以说,杭州市在互联网领域具有良好的产业基础,采取基于互联网平台与 IT 技术的产业链延伸策略,有利于为杭州互联网文化提供技术、人才、资本等多方面的重要支撑,推动杭州互联网文化产业的快速发展。

互联网平台的发展是 IT 技术的产物,是 IT 技术的重要应用场景和获利渠道。现代 IT 公司不再满足于单一的技术盈利途径,而是基于 IT 技术、通讯技术建构互联网平台,通过平台提供多元化的产品和服务,进而获取更多的利润。阿里巴巴、腾讯、百度等国内领先的 IT 企业无不是建构平台的互联网企业,虽然也发展 IT 技术赚取回报(比如提供云计算、大数据服务),但更多的是通过互联网平台来获利。比如阿里巴巴有淘宝、天猫、聚划算等多个互联网平台开展电商业务,2018 年“双 11”天猫的成交额达到 2135 亿元。甚至 IT 技术、互联网平台都不挣钱,但可以通过广告、增值服务等其他方式来赚钱,比如百度在线广告业务十分赚钱,2018 年第 2 季度在线广告业务达到 211 亿元,较上年增长 25%。互联网平台是一个包容性极大、扩展性极强的综合性平台,以互联网平台为载体,可以提供不同类型的、大量的产品和服务,通过资源整合、内容集聚的方式,获得价值增值。在互联网平台与 IT 技术的发展中,内容正变得越来越重要,成为互联网平台的竞争性资源。如何吸引用户、获取流量、得到更广泛的传播,优质内容成为关键,甚至互联网平台本

---

① 阿里宣布成立“大文娱”板块[EB/OL]. 搜狐网,2016-6-18:http://www.sohu.com/a/84131133_368226.

② 2018 年杭州互联网大数据:公司数量增速超一线城市[EB/OL].凤凰网财经,2018-10-23:http://finance.ifeng.com/a/20181023/16539951_0.shtml.

身都可成为内容,代表一种故事和表达,成为一个有感染力、有温度的存在。当然,各种各样的文化内容亦可借助互联网平台来生产、传播和消费。互联网平台推动传统文化产业走出碎片化的、互相割裂的业态,通过核心流量入口、整合平台端口、共享内容产品,形成一种"泛娱乐"的互联网模式以及网状的价值链条。但需要明确的是,文化产业数字化不是简单地将传统的文化内容搬移至互联网平台,而是要创作适应互联网平台特点的互联网文化作品。比如数字阅读和传统纸质阅读存在差异。文字优美、简单实用、短小精悍的文章更符合数字阅读时代碎片化的阅读需求,数字阅读形式更加灵活,内容更加多元,互动性也更好。

电商、社交是基于互联网平台与 IT 技术的互联网产业链的核心部分。互联网文化产业以"文化+"的理念,融入电商、社交领域,互相渗透,形成对电商、社交的内容支撑,提升消费者体验,为消费者创造更大的价值,同时也为文化产业领域带来大量的用户和流量。未来,文化产业、电商、社交这三者的融合发展将更为突显和深入。一方面,各类文化内容平台在资讯、娱乐等功能之外,也可以拥有电商、社交功能,借助其传播力和影响力带动商品交易以及拓展社交网络。比如网易的热门游戏《阴阳师》集成了周边商城、同人社区等功能。另一方面,各类电商、社交平台可以加入资讯、娱乐等功能,为消费者带来更多、更好的体验。比如阿里巴巴旗下的天猫平台除网络购物外,还集成了网络直播、小游戏、分享社区等功能。

阿里巴巴的新零售战略是这方面的典范。2016 年 10 月,阿里巴巴首次提出新零售概念。根据《阿里研究院新零售研究报告》,新零售是指以消费者体验为中心的数据驱动的泛零售形态,其本质是无时无刻地始终为消费者提供超出期望的"内容",具备以心为本、零售二重性、零售物种大爆发三大特征。在新零售战略下,阿里巴巴的核心电商业务和"大文娱"板块之间的连接不断被打通。比如 2017 年 6 月,阿里影业在"吃豆人"授权业务合作后,推出"精灵宝可梦嘉年华",精灵宝可梦在天猫上线三天就带来近 2000 万元的成交额。2017 年天猫"双 11"期间,马云主演的微电影《功守道》在优酷上线,并在后期与阿里体育进行赛事联动,将电商、影视、体育等业务板块进行了联动。2018 年 1 月,阿里文学行业生态峰会宣布,与天猫达成合作,打通线上、线下资源,引领出版类图书的全面数字化。2018 年 8 月 8 日,在"88 会员年度群星盛典"上,阿里巴巴宣布将推出"88VIP"会员计划,服务涵盖了包括娱乐在内的几乎阿里巴巴旗下所有核心业务,整合了优酷年度 VIP 会员、虾米音乐年度 SVIP 会员、淘票票年度全国卡等。

互联网平台与 IT 技术天然具有无边界、全球化的属性。借助互联网和IT 技术,使得文化产品与服务具备较强的传播力和影响力,其他国家、地区的民众也能成为潜在的消费者。当前,杭州互联网文化产业企业大多都采取了国际化的发展战略,积极开拓国际市场,寻求国际合作伙伴,推出针对海外市场的产品和服务。尤其是规模较大的领军企业,在国际化发展道路上已卓有成效、收益丰厚。未来,杭州市互联网文化产品与服务的国际竞争力和影响力将不断增强,国际输出将不断增多,出口贸易额将持续增大,与海外竞争合作的机会将进一步增多,发展前景十分广阔,如游戏产业、动漫产业、影视产业等。杭州互联网文化产业的收益中,将有更大的比重来自海外收入。海外收入将是杭州互联网文化产业的重要增长点。国内互联网领域竞争激烈,出现航母型文化企业和小微型文化企业极分化的趋势,用户和流量将逐步接近天花板,红利也将逐渐消失,而海外市场则具有非常大的发展空间,特别是发展中国家。而且在互联网时代,发展海外业务、开拓海外市场的各项成本也相对低廉。

在阿里巴巴、网易等互联网龙头企业的带动下,杭州市中小微互联网文化企业也将加快发展。在"大众创业、万众创新"的双创背景下,互联网文化产业领域已成为创新创业的沃土,互联网平台和 IT 技术为文化产业领域的中小微企业提供了便捷、经济、多元的技术平台,为互联网文化产业领域创新创业带来了广阔的空间。小微企业在互联网文化产业领域有非常之多的机会,找准市场定位,就能够迅速地成长起来。从杭州市目前独角兽企业的分布来看,半数具有阿里基因,集聚于互联网领域,这也是杭州市目前在互联网产业领域具备比较优势的结果。未来,更多的独角兽企业将会出现在互联网平台与 IT 技术的产业链延伸领域,互联网文化产业便是其中的重要领域,该领域消费群体很大、市场广阔,各种新技术、新创意、新业态层出不穷。中小微企业的发展壮大,激发了全社会的文化创造力,将推动杭州互联网文化产业体系不断优化完善。

第三节 政策和市场共同驱动的催化式发展

互联网文化产业作为就业拉动多、产业关联强、资源能耗少、经济回报大、社会效应好的产业,成为很多国家、地区重视培育的经济发展新动能。杭州市发展互联网文化产业顺应了当前经济转型升级的总体趋势,拥有良好的政策环境。从国家到地方层面,杭州互联网文化产业发展得到了政策的有力支撑与保障。财政、税收、金融、人才、技术、土地等多方面的具体措施,有效助推了杭州互联网文化产业的快速发展。

就国家层面来说,自 2014 年 3 月《国务院关于推动文化创意和设计服务与相关产业融合发展的若干意见》明确提出加快数字内容产业发展以来,相关政策陆续出台。如《"十三五"国家战略性新兴产业发展规划》《文化部关于推动数字文化产业创新发展的指导意见》《国务院关于进一步扩大和升级信息消费持续释放内需潜力的指导意见》等。此外,国家"一带一路"布局为杭州发展互联网文化产业创造了绝佳的"走出去"机遇。《文化部"一带一路"文化发展行动计划(2016—2020)》提出包括"丝绸之路文化之旅"计划、"丝绸之路文化使者"计划、"丝绸之路文化产业带"建设计划、动漫游戏产业"一带一路"国际合作行动计划、"一带一路"文化贸易拓展计划等 12 项子计划,大部分都与互联网文化产业密切相关。

从地方层面来看,杭州市将发展互联网文化产业作为促进经济转型升级、提升城市软实力的战略选择和有效途径,并得到了省委、省政府的大力支持。2018 年 6 月,浙江省政府发布《之江文化产业带建设规划》,提出"一带一核五极多组团"的战略布局,重点发展数字文化产业、影视文化产业、艺术创作产业和动漫游戏产业等优势产业。杭州作为"之江文化产业带"建设规划的主战场,互联网文化产业相关的项目、基地、平台等都在杭州落地。2018 年 9 月,杭州发布《关于加快建设国际文化创意中心的实施意见》,提出至 2022 年,杭州要基本建成"全国领先、世界前列"的国际文化创意中心。推动互联网文化产业发展是国际文化创意中心建设的重要内容,主要涉及打造全球数字内容产业中心、建设数字内容产业基地、深化推进数字内容创新以及促进数字文化装备、数字舞台演艺、数字艺术展示等新兴行业发展。此外,杭州市在互联网文化产业的细分领域以及相关领域亦有不少规划部署和扶持政策,比如《持续推动杭州"动漫之都"建设行动计划(2018—2020)》《杭州市全面推进"三化融合"打造全国数字经济第一城行动计划(2018—2022)》等。

在政策利好之外,国内外市场需求的快速增长及巨大的开发潜力为杭州互联网文化产业的发展创造了良好的市场环境。在民众文化需求增加、消费能力增强、消费层次提升的背景下,未来杭州互联网文化产业存在十分广阔的市场发展空间。

首先,用户规模庞大且持续增长。截至 2018 年 6 月,我国网民规模为8.02 亿,较 2017 年末增长 3.8％,互联网普及率达 57.7％。手机网民规模达7.88 亿,较 2017 年末增长 4.7％。[①] 随着网络覆盖范围扩大、连接速度提升、使用费用降低,互联网用户规模还将继续上升,移动互联网用户比重也将继续增长。当然也要看到,目前我国互联网用户规模的基数已经很大,未来增长速度将有所放缓。这还只是国内的市场,从国际市场来看,用户规模更为庞大。网民数量增长受到移动互联网普及的推动,尤其是在亚太新兴国家、中欧和东欧、拉丁美洲、中东和非洲。[②] 随着杭州互联网文化产业国际化水平的提高,世界各国尤其是发展中国家,都是其潜在的消费市场。此外,用户的互联网使用时间也呈现不断增长的趋势,特别是移动互联网。2018 年上半年,中国移动互联网用户人均单日使用时长接近 5 小时,较去年同期增长23.2％。[③] 用户互联网使用时间的增加,为互联网文化产业进一步发展提供了空间。

其次,新一代的消费者越来越习惯于基于新一代数字技术的各种文化产品和服务,网络直播、数字阅读、移动听书、网络游戏、网络视频、在线音乐等各种形态的互联网文化消费拥有广泛的用户基础,与人们的日常生活越来越密切,已经成为人们所习惯的生活方式。比如网络游戏,预测到 2020 年全球

---

① 第 42 次中国互联网络发展状况统计报告[EB/OL]. 中国互联网络信息中心,2018-8-20:http://www. cnnic. net. cn/hlwfzyj/hlwxzbg/hlwtjbg/201808/P020180820630889299840. pdf.

② eMarketer:预计 2019 年全球互联网普及率将超过 50％[OL]. 中文互联网数据咨讯中心,2017-12-14:http://www. 199it. com/archives/661251. html.

③ 时间都去哪了? 报告显示移动互联网用户人均单日使用时长接近 5 小时[EB/OL]. 同花顺财经,2018-7-19:http://field. 10jqka. com. cn/20180719/c605792283. shtml.

游戏市场规模将达到 1285 亿美元,较 2016 年增加 274 亿美元,增长幅度将达 27.11％[①]。再比如数字阅读,预计到 2020 年网络文学用户规模将达 4.21 亿。[②]

最后,消费者越来越习惯于为互联网文化产品和服务付费,付费意愿持续改善。长期以来,互联网文化内容变现困难,人们习惯于免费的产品和服务。随着网络支付手段的普及,消费者逐渐形成了为互联网文化产品和服务付费的习惯。比如网络视频付费市场,预计到 2020 年中国网络视频付费市场规模将达到 646.8 亿元,网络视频付费用户规模将达到 18025 万。[③] 此外,消费者消费能力随着物质生活水平的提高而不断提高。当消费能力提高后,精神生活方面的消费需求将不断增长,文化娱乐方面的支出比重将逐步增加。就杭州市本地来看,人均地区生产总值已突破 2 万美元且增长速度较快。民众对文化产品与服务的消费需求加速升级。

在政策和市场的双重驱动之下,杭州互联网文化产业对于人才、资本等资源要素的吸引力增强。从人才来看,杭州互联网文化产业成为越来越多专业人才的选择,包括互联网技术人才、文化创意人才等。当然,这也得益于杭州拥有阿里巴巴、网易等互联网巨头以及大量优秀的互联网企业。根据 BOSS 直聘研究院发布的《2018 年三季度人才吸引力报告》,杭州已成为对人才吸引力最大的城市,文娱体育行业人才吸引力指数超越互联网,首次成为人才吸引力指数最高的行业。从资本来看,互联网文化产业是当前和未来一段时间的投资热点。2018 年推出的之江文化产业带规划重点实施 32 个重大文化产业项目,项目总投资超过 1000 亿元,其中属于数字文化产业领域的项目有 13 个。这将撬动更多的资本投入互联网文化产业。大量的资本投入助推了互联网文化产业实现新跨越,既为互联网文化企业集团化、航母化发展提供大量资金,又为中小微互联网文化企业提供风险资本。在资本的推动下,杭州互联网文化产业的集中化程度将进一步提高,大企业脱颖而出,兼并

---

① 2018 年中国网络游戏行业发展现状及发展趋势分析［EB/OL］. 中国产业信息网,2018-4-18；http://www.chyxx.com/industry/201804/631654.html.

② 2017 年中国数字阅读行业发展现状分析及未来发展趋势预测［EB/OL］. 中国产业信息网,2017-11-27；http://www.chyxx.com/industry/201711/584737.html.

③ 易观:中国网络视频市场发展趋势预测 2018—2020［EB/OL］. 搜狐网,2018-5-21；https://www.sohu.com/a/232337883_115326.

重组将进一步加剧。从杭州互联网文化企业的实践及发展战略来看,很多都在积极布局全产业链多业态发展,目前和未来都会有大量的资金投入。比如,阿里巴巴在提出发展"大文娱"板块后,就计划三年内投入超过 500 亿元。

目前及今后较长的一段时期,政策和市场双方面的利好因素,将促使杭州互联网文化产业形成上下联动的推动力,加速人才、资本等资源要素的集聚,促进产业发展水平不断提高,但就更长远的未来来看,政策利好将逐步弱化。最终,互联网文化产业将实现自我调节、自我发展,基于市场机制实现资源要素的优化配置。